わたしの神学六十年

近藤勝彦
Kondo, Katsuhiko

教文館

わたしの神学六十年　目次

装画　小菅昌子

Ⅰ　わたしの神学六十年

わたしの神学的な歩みについて記すように、かねてより教文館出版部の髙木誠一氏から勧められていました。それで、神学を学び始めた頃のことをおおまかに記したこともあります。それは『二十世紀の主要な神学者たち』(教文館、二〇一一年)においてでした。しかしあれから一〇年以上を経て、七〇代を過ごした今日、改めてその後の歩みも含めて記し、将来の世代の神学的研鑽に少しでも役立つところがあれば幸いと思います。それで勧められるままに、「わたしの神学六十年」を記すことにしました。

1　洗礼から神学校入学まで

初めて教会に通うようになったのは、一九五九年、高校一年生の夏でした。父はわたしが中学一年生の時に四八歳の若さで、肝臓癌で亡くなりました。わたしの求道はしたがって、青年期にあって人生の意味や人生の生き方を求める問いとして始まったのですが、その中には「死よりも確かなものはないのか」「死んでも生きる命はないのか」と問うところがありました。この生と死の問いは、漠然とした形ですが、その後もずっと継続したように思います。

求道の道をキリスト教信仰の中に求めたのですが、それは父の死をめぐって浄土宗に触れ、またそれ以前に、今ではどの家庭でも大きな隔たりができていますが、当時のわたしの家庭には神棚もあり、毎日、それに新しい水を備えるような環境もあり、宗教的な家庭環境があってのことでした。また父の死をめぐって母は、いろいろな宗教にもすがり、新興宗教とおぼしきものにも接触しました。そうした家庭環境の中で、わたしは宗教に対するかなり強固な抵抗意識の中にありました。ですから当初のわたしは、いわゆる宗教にはほとんど何の関心もなく、むしろ反発的で、奇妙なことではありますが、キリスト教信仰を宗教と考えることはほとんどありませんでした。わたしにはただ真理だけが問題であったと言ってもよいでしょう。人生の真理と死をめぐる生の真理を求めたとでも言えばよいでしょうか。そういう高校生の求道心に駆り立てられて教会を訪ね、礼拝に通い続けました。また、当時の高校生として、一九六〇年の安保紛争に現れた蒼然たる社会状態によっても心を掻き乱されていました。

教会に通い出してほぼ一年後、一九六〇年の秋に洗礼を受けました。不十分な準備の中で、ただひたすら求めるだけで洗礼を受けたと言ってよいかと思います。さらに信仰の真理を求め、真髄に迫りたいという気持ちを持ちながらでした。それで信仰の探究として、神学的な書物に対しても関心を向けるようになりました。神学の本格的な学びのためには神学校に入学する必要があると承知していましたが、神学校に入学するのはただ神学的探究をするためだけであってはならず、伝道者・牧師としての献身の志をもって教育を受けなければならないことも漠然と知っていました。また、神の召しなしに伝道者としての献身は成立しないということも承知していたと思います。信仰の真理を求める探究的な求道心が一番心の底にあったように思われます。洗礼を受けた当時、わたしは開成高校の二年生でした。学校環境から言うと、神学校に進学するといったことは、大学入試の激しい受験競争から逃避を決め込むように思われ、自分の心にも躊躇いの気落ちが湧くのを拭いきれませんでした。母は当然と言えば、当然のことで、激しく反対しました。それでわたしは、一旦は東京大学に入学し、その後で神学校に進む決意をし、神学の研鑽に向かうためにまず哲学を学ぶということで、東大の文化Ⅲ類を目指すことになりました。アメリカ留学から帰国したばかりの大木英夫先生が滝野川教会の副牧師としておられ、そのようにアドバイスしてくれました。

その頃、神学の研鑽というより、とにかく信仰を学ぶことを願って幾冊かの本を読みました。アウグスティヌスの『告白』（『懺悔録』と訳されていた）、パスカルの『パンセ』、キルケゴールの『キリスト教の修練』などでした。高校二年生のわたしにそれらがどれだけ理解できたかは不明です。読書指導を受けたことはなく、ただ手に入ったものを読みたいままに読んだのです。他方では、前後の関係は思い出せませんが、倉田百三『出家とその弟子』『愛と認識との出発』を読み、阿部次郎『三太郎の日記』なども一部分読みました。当時の青年の中になお少し残っていた「哲学青年」ふうなところがわたしにもあったのだと思います。ドストエフスキーの作品をいくつか読んだのも洗礼を受けた後の大学入試の受験勉強をしながらのことでした。聖書の全巻を初めて通読したのもその頃です。

その時期に神学書によって神学との出会いを経験したと言い得るのは、カール・バルト『教会教義学』、その創造論の一部、「交わりにおける自由」の抄訳を読んだことによってです。その頃、心に悩むことがあって、それを読みながら、神関係が人生の中心軸を構成するとき、他の難問（と思われるもの）は非中心化され、より一層冷静にそれと取り組むことができるといったことを学びました。悩みに捕らえられた状態からの自由を神学的認識によって与えられることを知り、多少の神学的な経験を持ったわけです。それは当時読んでいたバルトの書以外のどの書物によっても得られなかったもので、この神学的営みから与えられた自由が、わたしの最初の神学的な経験となりました。わたしは以後、いよいよ神学の研究に進みたいという気持ちを強くしました。

この文章を「わたしの神学六十年」と題する理由は、カール・バルトの書を初めて読んだ経験がわたしのいわば「神学元年」を意味したからです。それは一九六一年の頃、今から六一年ほど前のことでした。ただし、この経験によって、わたしはカール・バルトを特に研究したいと考えたわけではありませんでした。わたしが望んだのは、とにかく神学を学び、それによって信仰の真理を探究することでした。この直後に、なぜかわたしは桑田秀延『基督教神学概論』（新教出版社、一九五二年）も読みました。神学は「教会の学」であるといった命題をどこかで読んで、理解できないままに受け流した記憶があります。教会的な意味や責任といったことは、かなり後になって、次第に理解が及ぶようになったことでした。

一九六二年、東京大学文科Ⅲ類のドイツ語コースに入学しました。哲学を学んでから神学校に行くという計画でしたが、奨学金と家庭教師のアルバイトによる生活で、同じ日に二か所の家庭教師を行うといった生活でした。あの時期にこそ古典語の学習にもっと本格的に取り組むべきであったと後に反省したことがありますが、当時の状況では致しかたないことでした。

駒場の教養学部時代、神学の学習という点では、二つのことがありました。一つは新教出版社が新書版で何冊かの入門的な書物を出版していましたが、その中からわたしは幾冊かを読みました。例えばトゥルナイゼンのものやボンヘッファーのものなどで、後にわたしの妻となった一歳年下の喜田静子と共に読書を重ねたことでした。キリスト者青年としての歩み方を模索するような読書でしたが、当時の経験はその後の夫婦の共通財産になりました。

もう一つは、駒場での聖書研究会の数人の友人と共に「キリスト者の社会的責任」を考えるといった方向の読書会を持ったことでした。わたしたちの大学入学年は、安保紛争の二年後で、駒場のキャンパスが学生運動家たちによって掻き乱されていた時代でした。それに海外ではキューバ危機が勃発し、さらにはケネディ大統領の暗殺事件なども起きて、歴史や社会の問題は、キリスト者としての人生の重大問題として意識されました。この読書会で読んだのはバルトの『義認と法』や『キリスト者共同体と市民共同体』といった反ナチ闘争時代の諸論文でした。この小さな研究会は、教養学部時代だけで短命に終わりました。しかし、それを求めた意識はキリスト教的歴史理解の問題や政治倫理の問題を不可欠的な問題とするという意識であり、わたし自身の中ではこの問題意識は以後ずっと継承されました。そのため個人的にラインホールド・ニーバーの読書に向かい、神田の古本屋街を歩いては、ニーバーの翻訳書を見つけるたびに入手しました。今日のようにインターネットで古書の検索をするわけにはいかない時代でしたが、それはそれで意味のある探索でした。他の書物にも興味を惹かれることがあったからです。『バルトとニーバーの論争』（有賀鉄太郎、阿部正雄訳、弘文堂、一九五一年）がニーバーへの関心を一層刺激したのもその頃のことでした。

また信仰と歴史の問題をめぐって、『歴史の意味』をはじめとしてカール・レーヴィットの著作の大部分を読み漁ることもしました。カール・レーヴィットの哲学史的分析によれば、ヘーゲルを典型とする近代ヨーロッパの歴史哲学は、キリスト教的歴史神学の世俗化したものです。この分析からは、もう一度キリスト教歴史神学の権利を承認することもあり得ると思われました。もちろんレーヴィット自身はその立場にはいませんでした。レーヴィットの哲学史的分析を採用しながら、彼自身のギリシア哲学的な万物の永遠回帰の立場への復帰を拒否するのがわたしの考えでしたが、それは次第に明確になることでした。歴史の問題への関心は、やがて東大の学部卒業論文のテーマともなり、さらにその後にも継承されて、今日に至っています。

その頃、御殿場のＹＭＣＡ東山荘を会場にして「信仰と歴史」をテーマにした日本基督教団青年部主催の会が行われ、佐藤敏夫先生が主題講演をするということでした。荒井献氏が使徒言行録の連続講演をしました。わたしはそうした会合に出席するのは、どちらかと言うとあまり積極的でない方でしたが、にもかかわらず自発的に出かけました。主題に関心があったからです。グループに別れて持たれた学生たちの討論の中で、しきりに「非神話化」を語る学生がいたのを記憶しています。当時のわたしは、一九六〇年代初めになお多少残っていた実存主義の流行に対してついていく気は持てませんでした。当時読んだ松浪信三郎『実存主義』（岩波新書、一九六二年）は分かりやすく、よく書けていたと思います。しかしむしろ実存主義的な契機を持ちながらも、それを越えているティリッヒやO・F・ボルノーに関心を持ちました。東山荘の会場で社会学者の住谷一彦氏ともお会いしましたが、住谷氏には後に『トレルチ著作集』の翻訳で再会することになりました。

教養学部時代の駒場の授業では、山崎正一教授による哲学の講義のほかは、習いたてのドイツ語による原典講読の演習が記憶されます。カント『形而上学原論』やニーチェ『ツァラトゥストラはかく語りき』、それにハイデガー『存在と時間』の序文など、いずれもその一部分を読むに止まりましたが、それなりに興味を惹かれました。同時に哲学史関係の諸著作を読みましたが、やがて近代神学史を理解するうえでそれらは非常に参考になったと思います。哲学史関係の書物としては、波多野精一『西洋哲学史要』（大日本図書、一九〇一年）をはじめとして、ヴィンデルバントの哲学史、それにアルベルト・シュヴェーグラーのもの、そして桂寿一と山崎正一の『西洋近世哲学史』（全三巻、岩波書店、一九五一―六五年）、それにカール・レーヴィットのものを読みました。田中美知太郎のプラトンの研究や哲学的なエッセーを呼んだのは、もう少し後のことです。

教養学部時代でその後の歩みにも有意義だったのは、マックス・ヴェーバーの著作を読んだことです。駒場での教養学部の生活が始まったとほぼ同時期に河出書房新社から『世界思想教養全集』

の出版が始まり、その最初の巻がマックス・ヴェーバーのものでした。『プロテスタンティズムの倫理と資本主義の精神』をはじめとして、『社会科学方法論』『職業としての政治』『職業としての学問』などが含まれていました。これを手掛かりにして一年生の夏、初めて論文のようなものを書きました。ヴェーバーが選びに関する宗教的不安によってアスケーゼの理由を説明したところに違和感を感じたことが記憶されます。

三年生になり本郷のキャンパスに移って記憶される授業は、金子武蔵教授がニーバーの Interpretation of Christian Ethics（『キリスト教倫理の解釈』）を読んでいたことでした。ニーバーの倫理思想をカントと結び合わせて理解していたのが記憶されますが、どういうふうに言ったのかは思い起こせません。講義としては渡辺二郎教授の一九世紀ドイツ哲学史が興味を引きました。渡辺教授にはハイデガーに関する大きな著作がありますが、ドイツ哲学史についてはディルタイを重視していたように記憶します。渡辺教授のドイツ語講読も『ディルタイ著作集』を毎年読むもので、これに二年間参加して、『ディルタイ著作集』の中の二冊を読みました。後に熊野義孝『現代の神学』（新生堂、一九三六年）を読んだ時、熊野義孝がディルタイに負っているのを知り、親近性を感じました。パネンベルクがプロテスタンティズムと近代史の関わりについてやはりディルタイの見方に基づいていることを知って、興味を深くしました。わたし自身はディルタイよりもトレルチによって近代世界に対するプロテスタンティズムの意義を理解していますが、それでもディルタイに対する尊重は継続しています。

わたしの卒業論文は、パウル・ティリッヒの歴史思想を主題にしました。当時シュトゥットガルトから出版が開始されたドイツ語版『ティリッヒ著作集』を手掛かりにしました。ティリッヒが持っている哲学的神学の性格が、哲学科に提出する論文のテーマとして許容の範囲内と思われたからで、実際そのテーマで許可されました。ドイツ語の文献を使用するということで、キリスト者ではありませんでしたが渡辺二郎教授に指導教授のような役割を負っていただきました。実際には、自分で勝手に書いたと言うべきでしょう。ティリッヒの「歴史思想」を主題にしたのは歴史の問題にティリッヒがどう取り組んでいるかに関心があったからです。ティリッヒを学び始めた頃、彼がその哲学的な側面についても彼なりに思索していることは重大と思われました。ティリッヒが後期シェリングを基本的に継承しているとの指摘は無論、そのとおりと思えましたが、それでもブルトマンが同世代のハイデガーの実存哲学に負っているのとは大きな違いだと思われました。逆に言うと、ブルトマンの実存思想そのものを第一級の思想と思うことはわたしにはできず、むしろハイデガーの中にそれは探求しなければならないと思われました。

わたしの神学に関する関心は、バルトの数冊の読書から開始して、ニーバーの数冊の書を経て、ティリッヒにまで及んだところで、神学校に入学する時を迎えました。東京神学大学の三年次に入学したとき、上級生から今度入学した人の中にティリッヒを専門的に研究した人がいるらしいと言われたことがありましたが、わたしは特にティリッヒだけに打ち込んだという意識はありませんでした。しかしその後、白水社から『ティリッヒ著作集』が出版されることになったとき、当時、ドイツに留学中のわたしにも翻訳を担当する誘いが来ました。わたしには特に違和感はありませんでした。ティリッヒへの関心は、彼の歴史の思想から入ったのですが、その後、実存の問題や文化の問題、芸術、特に絵画論、それに精神分析学との対話を含んだ「癒しの神学」に関する考察に向けられるようになりました。しかし教義学に関心が集中するにつれて、ティリッヒに対する批判が強く意識されるようになりました。しかし、これはもっとずっと後のことです。

2　神学生時代

東京神学大学への入学は、その四年以上前に決意したことを実行したのでしたが、決意どおりに実行するには、それなりの迷いや葛藤を経てであり、また危うさを抱えてのことでした。周囲の配慮や支持を受けながら、歩むことのできた道であったと思います。渡辺二郎教授から、それとなく東大大学院への進学を誘われたこともありましたが、わたしには哲学研究者として歩むことはどだい不可能なことでした。結局、わたしは方向転換を本格的に考えたことは一度もありませんでした。神学校への入学は、伝道者・牧師として歩む召命によるものであり、その召命に応えて神学しつつ歩むことで、わたしの心はかなりの程度すでに決まっていたと言ってよいでしょう。

神学校の学びは、学問的な意味での神学的研鑽に尽きるものではありません。讃美歌指導のクラスなどもあり、祈りと礼拝を重んじる生活があっての神学の研鑽でした。また、わたしはそれまでの経過からして、おのずと組織神学を専攻することは明らかでした。しかし神学校では旧約、新約、教会史、実践神学も必修でした。それがまたよかったのであり、それでこそ神学の学びになるものでした。四年生の夏には北海道の夕張、次の年の夏には鎌倉で、ふた夏、夏期伝道の奉仕に努めました。こうしたことも神学校ならではのことです。こうした生活を含めた全体的な営みが神学研鑽の土台になければならない必要事でした。そう言われただけでなく、自らの経験としてそうでした。

神学校とは別なコースで、例えば国立大学で聖書の文献学的研究やキリスト教思想史や神学の歴史的研究に突き進むケースもあるだろうと思います。あるいはまた、海外の大学で、それも教会との結びつきの稀薄な州立や国立の大学神学部での研鑽によって神学に入っていく道もないわけではないでしょう。しかしそうした場合には、およそ異なった道を行くことになる可能性が大きいように思われます。神学的実存の相違と言ってもよいでしょう。神学校を経て伝道者・牧師として世に遣わされていく経過の中で神学を修めることは、神学的実存すなわち牧師・伝道者の戦いの実存であって、そこにこそ本来の神学的研鑽の歩みがある、そう主張してよいのではないかという気持ちでわたしは生涯を過ごしました。もちろん伝道者・牧師にならない神学研究の道もないわけではありません。神学史は教会の教役者でなく、信徒であってしかもすぐれた神学者がいたことを記憶しています。しかし組織神学、そして教義学が教会を基盤とし、教会に仕える学であることを思えば、教会を背景に持った神学校こそが、神学的研鑽の本来の場所であり、教会人としての思惟こそ本来の神学の姿と言えるし、そう言わなければならないでしょう。

東京神学大学において、わたしは旧約聖書緒論を左近淑、新約聖書神学を山谷省吾、そして組織神学を熊野義孝、北森嘉蔵の各先生からの講義で学びました。英、独の原典講読は、佐藤敏夫先生によってモルトマンの Theologie der Hoffnung（『希望の神学』）、大木英夫先生によってラインホールド・ニーバーの Destiny of Man（『人間の運命』）の講読を受講しました。

神学生時代で思い起こされるのは、熊野義孝『基督教概論』（新教出版社、一九四七年）のこと、それにパネンベルクの「歴史の神学」、そしてヘッセリンク教授を介してのオランダ神学との出会いなどです。熊野義孝『基督教概論』についてはあるクラスのレポートで求められ、わたしのレポートが皆の前で読まれたことがありました。また、大学院一年の秋、扁桃腺を腫らして一か月ほど入院したことがありました。長く微熱が続く入院生活の中で、パネンベルクとその仲間たちの論文集 Offenbarug als Geschichte（『歴史としての啓示』）を読み、彼の論文「聖書原理の危機」を翻訳しながら、静養しました。パネンベルクについては佐藤敏夫先生から知らされ、やがて修士論文で「モルトマンとパネンベルクにおける啓示と歴史」を扱いました。これが活字になったわたしの最初の論文でした。ここにも「信仰と歴史」あるいは「神と歴史」のテーマの継承が見られます。これはさらにわたしの博士論文にも通じていくわけで、その後六〇代になって教義学に本格的に取り組んだとき、啓示は「歴史的啓示」であるという立場を明確に態度表明することにもなりました。

ジョン・ヘッセリンク教授との出会いはもう一つ別の文脈を形成します。神学校の授業としては、ヘッセリンク教授によるカルヴァン『キリスト教綱要』のラテン語講読に参加していましたが、大学院一年のとき、オランダ神学に関する彼の二つの論文をわたしが翻訳することになりました。それで何度かお住いの宣教師館を訪ねました。オランダ神学、とりわけファン・リューラーについて聞いたのはそれが最初で、その神学に関心を持ちました。また人名を括弧で括りながら読んでいたヘッセリンク教授の本の読み方に影響を受けました。わたしもやがて本に出てくる人名を括弧で括り、さらには同一概念や特徴ある主張については、それが見られる他のページを書き込んでおき、さらには本の巻末や裏表紙に索引を書き込んだり、すでにある索引を補充したり、自分なりの索引を作ったりしながら読みました。こうした読み方には、多少ともヘッセリンク教授の読み方の影響があるかもしれません。

わたしの神学生時代は、カール・バルトやパウル・ティリッヒといった二〇世紀の偉大な神学者、神学的思想家たちの時代と、ある隔たりを持ち始めた時代でした。一方では、まだバルトも存命であり、ヘッセリンクはバルトの下で博士論文を書きながら、ブルンナーとの再会を取り持ったことで知られていたし、ティリッヒはわたしの神学校入学の時期からすると、つい直前に日本を訪問し、東京神学大学でも講演をしました。要するにバルトもティリッヒも同時代の現代思想家であり、現代の神学者でなおあり続けていたのです。しかしすでにモルトマンやパネンベルクの活動が始まり、バルトの後を受けたハインリッヒ・オットは、アメリカからスイスに帰国する折り、東京に立ち寄り、東京神学大学で講演しました。神学史はバルトやブルトマン、のみならずバルティヤーナーやブルトマニアンの戦後世代の活動を挟みながら、本格的な意味でバルト以後、またブルトマン以後の時代に移行を始めました。同時代の神学と言うべきは、もはや「神の言葉の神学」でもパウル・ティリッヒの神学でもないことは明かでした。

わたしの神学校卒業（東京神学大学大学院修士課程修了）は一九七〇年でした。それはちょうど前年から始まったいわゆる「教団紛争」の最中のことであり、教師検定試験も行われず、補教師試験も受験することができずに、信徒のままに赴任するほかはありませんでした。さらに教団の外を言えば、諸大学を席巻した全共闘運動、赤軍の浅間山荘事件や旅客機ハイジャック事件、あるいは三島由紀夫の割腹事件などがあった時代です。高度経済成長による所得倍増の一九六〇年代は終わり、騒然とした社会状況が現出しました。

3　最初の任地の頃

その後そういう習慣はなくなりましたが、論文の成績か他の何かが理由で、学校から卒業時に賞金をいただきました。それによって購入したのは、RGGの第三版であったか、それともG・アイヒホルツの編集による五巻本の黙想集 Herr, tue meine Lippen auf（『主よ、わが唇を開きたまえ』）であったか、今となっては判然と思い出せません。しかしその両方を購入して、神学の研鑽と説教の奉仕を二つながらわが使命として、卒業後最初の任地である東京都江戸川区の教会に赴きました。一九七〇年のことで、教団紛争のまっただ中でした。

研究会でよくお邪魔したＩＣＵの古屋安雄先生によると、ドイツ留学中チュービンゲンからバーゼルまで友人の車に同乗して、バルトの講義を聞いたと言います。窓の外に見える教会の尖塔を指差して、教義学のテーマの教会はあの教会ではない、本当の教会がテーマだとバルトは語ったそうです。その話を聞きながら、教団紛争の中でわれわれがテーマとする教会は、バルトが言う本当の教会、つまりキリスト論の中で示される教会ではなく、窓外に見える教会、そして歴史の中で傷ついた教会であらざるを得ない、そして真の教会は歴史の教会と切り離されない形でこそ問われなければならない、といったことを漠然と思っていました。歴史と本質の二元論的な区別は克服されなければならないでしょう。見えざる真実の教会を歴史の中の教会において、また歴史の教会を終末論的な教会との接続において理解し、その形成に努めなければならないと思います。バルトの教会論とトレルチの歴史的な教会把握とが、いかにかして関連を見出すことができるでしょうか。

この時期の関心と研鑽は多く説教の奉仕に向けられました。毎回、小さな説教ノートに説教の準備原稿を筆記して講壇に立ちました。準備には注解書だけでなく、説教黙想があれば、できるだけ読みました。Herr, tue meine Lippen auf やハンス・ヨアヒム・イーヴァントのものでした。他に説教集も読みました。バルト、ティリッヒ、それにエーバーハルト・ユンゲルの説教集が記憶されます。パネンベルクの説教集はあまり感心するものではありませんでした。ユンゲルのものは第一説教集と第二説教集を読み、表現の卓抜さもあり、よいものと思われました。後に教文館に翻訳出版を奨めましたが、わたしもその一部の翻訳を担当しました。ティリッヒの説教集はいかにも学生が主たる聴衆であった神学校の説教で、日本の教会での説教とは距離が大きいと思われました。少し後で武藤健の説教集『知られたる我』（二宮書店、一九六四年）を読んだとき、明かにティリッヒの説教のモティーフが使用されていると感じました。教会の礼拝説教にティリッヒの説教を活かした比較的稀なケースであろうと思います。

牧師としての出発の時期に特に神学的な主題を深めることはできませんでした。ただ、説教と神学の関係は常に考えさせられていました。神学的説教を心がけると言うことはできますが、それは説教のテーマを神学から導き出すのではありません。姿勢としては、聖書のテキストに服した説教をあくまでも心がけるべきです。その説教の中で神学的に考えるものです。言ってみれば、「神学から説教へ」の一方通行でなく、さりとてまた「説教から神学へ」というだけでもなく、「聖書からの説教」の内部にあって、「その説教から神学へ」と「神学からその説教へ」の循環関係が含まれるようなものだと思われます。構造的に割り切れるものではありませんが、「説教しながら神学する」という基本姿勢そのものは、変化することなく、その後も続きました。

最初の任地は、幼稚園を併設していました。赴任の時には幼稚園は主任牧師が責任を負うので特に関係しなくてよいと言われましたが、すでに高齢であった主任牧師が天に召され、幼稚園のことにも携らなければならなくなりました。「母の会」が行われる折には何らかの話が必要とされ、聖書の話の方がよかったかもしれないのですが、わたしは自らは未経験であるにもかかわらず、親子の話や子に対する大人の対応の話などをしました。O・F・ボルノーの思想は佐藤敏夫先生から聞いたのがきっかけになったのですが、そうした折りに大変参考になりました。元来、実存主義思想の限界は明らかのように思っていたので、ボルノーの実存主義克服の試みや、実存の不安の中での子供の健やかな生の育成は不可能であるといった彼の主張は素直に肯定できました。また彼による「守られてあること」(Geborgenheit)やそれによる「信頼」や「希望」といった倫理的徳の主張も、違和感を感じませんでした。後に『キリスト教倫理学』を出版したときにも、また『キリスト教弁証学』の中でも、この面は引き継がれています。

教会で説教を主にした奉仕をしながら、東京神学大学大学院博士課程に在籍し、週に一日だけ三鷹に通いました。佐藤敏夫先生宅でシュライアーマッハーのGlaubenslehre(『信仰論』)の一部を読むとともに、学部二年生のドイツ語の教師代行をしました。経緯はもはや思い起こせませんが、パネンベルクの『神学と神の国』の翻訳を日本基督教団出版局から出版しました。これがおよそわたしの出版物の最初でした。続いて、同じくパネンベルクの講演による著作Was ist der Mensch?(『人間とは何か』)を白水社の『現代キリスト教思想叢書』の一冊として翻訳しました。これは翻訳が終えたところで、後のことは熊沢義宣先生にお願いして、わたしは留学してしまいました。これは熊沢先生との共訳の形でその後出版されました。この二冊がわたしの二〇代での社会的な仕事になったものです。また、この時期、大木英夫先生による教会雑誌『形成』に求められて、何度か短文を寄稿しました。これもわたし自身にとってよい刺激になったと思います。

一九七二年、ユルゲン・モルトマンが東京神学大学に来ました。『十字架につけられた神』の中で北森嘉蔵『神の痛みの神学』に言及したモルトマンは、日本の北森と話がしたいという希望を吐露し、北森－モルトマン会談が東京神学大学の集会室で、神学生や他の教授を前にして行われました。ホワイトボードに図を描きながら、十字架と三位一体の神との関係について三、四〇分ほどの短いディスカッションが行われました。その会談の後、別室の懇談のところで、わたしも修士論文で「あなたとパネンベルクの比較をした人」として紹介され、その席でわたしの留学に際し、指導教授をお願いするという話になりました。初期のヘーゲルにおけるキリスト教と歴史の研究をしたいといった話を、わたしはしました。

4　チュービンゲン留学の頃

一九七三年六月初め、ドイツの留学に出発しました。アエロフロート機に乗って、途中モスクワで一泊しながら、ヨーロッパに向かいました。白夜の中でのモスクワ一泊は興味をそそるものでしたが、パスポートを取り上げられてモスクワ市と空港の中間的な場所にあるホテルに宿泊することになりました。食事のひどさとホテルの貧しさは著しく、目先のきく人なら誰でも、ソビエト連邦がやがて冷戦に敗北することはとっくに見抜いていたであろうと思われました。日本基督教団には東ベルリンや東ドイツを旅行して誉めそやす人々がいましたが、彼らはいったい何を見ていたのかというのが、わたしの率直な気持ちでした。翌日、ジュネーヴに到着し、ミラノから出て来てくれた友人奥山夫妻と再会し、昼食を共にしました。そこから陸路バーゼルに出て、フライブルク近郊シュタウフェンのゲーテ・インスティトゥートに向かいました。三か月間ドイツ語の勉強に過ごし、冬学期に備えてチュービンゲンに移りました。

一九七三年の冬学期から一九七七年一二月のリゴローズムまで、ほぼ四年間がわたしのチュービンゲン留学の時でした。最初の年の学期は一〇月に始まりました。開始の日はちょうどわたしの三〇歳の誕生日の日でした。わたしの留学の費用は、アメリカのディサイプルス教会が提供してくれました。具体的には、担当者であったジョセフ・スミス氏のお世話でしたが、そのように働きかけてくださったのは、大木英夫先生でした。

チュービンゲンの最初の学期は、環境に慣れる意味からもいろいろな講義を聞きました。モルトマンの講義は、その後『聖霊の力における教会』として出版されたもので、『希望の神学』『十字架につけられた神』に次ぎ、彼の前期の三部作をなすものでした。しかし前二著のときのようなおびただしい反響を生むことはありませんでした。学生たちの関心はすでにエーバーハルト・ユンゲルの方に移り、聴講学生の人数もユンゲルの方が多かったように記憶します。ユンゲルはすぐ直後に『世界の秘義としての神』（一九七七年）という大作を出版しましたが、講義はそこに向けられていたように思います。その他の講義としては、カトリックのワルター・カスパーとハンス・キュンクの講義を聞きました。キュンクの講義はスイス訛りがひどく、あまり理解できませんでした。一番聞きやすかったのはユンゲルの講義でしたが、発音の問題でなく、論理的な筋道が追いやすかったからだろうと思われます。神学部の講義のほかにエルンスト・ブロッホのゼミの様子を見物し、哲学史家ワルター・ショルツの講義を継続的に聴講しました。しかし当然のこと、わたしの気持ちは、博士論文の取り組みの方に向いていました。

留学生の中に、百瀬文晃神父がおられ、彼はフランクフルト大学からモルトマン研究のためにチュービンゲンに一年間移ってきていました。しばし交流の時を持ちました。

一九七四年一月、ちょっとしたやり取りを挟んででしたが、エルンスト・トレルチの研究をすることでモルトマンの了解を得ました。ヘーゲル研究はドイツ人でも時間がかかりすぎるといったことで、彼は別のテーマを用意してくれていたようでしたが、わたしの方からトレルチ研究を申し出ました。わたしはモルトマンの神学姿勢や書かれたものの内容に全面的に賛成していたわけではありません。後には批判面の方が多く目立ちました。しかし彼が自分自身それほど熟知していないテーマについても、自由に書かせる寛大な姿勢でいてくれた恩恵を受けました。イギリスのようなチュートリアルな指導方法でなく、まったくドクトラント自身の責任に任され、必要な時だけ尋ねるという方法でしたが、わたしにはそれが幸いしました。ほとんど尋ねることなく、一九七四年から一九七六年の秋まで二年数か月が必死の研究期間でした。それまで研究者の多くがトレルチの思想を発展史的に叙述しながら資料の取り扱いを誤ってきたのにも気が付きました。トレルチの思想を発展史的に叙述しようとするなら「資料問題」があって、次第に後代（第二版とか編集時に収録したとき）の挿入部分は精読するうちに分かるようになりました。この問題はグラーフたちによる『トレルチ全集』の資料批判的な出版によって今日では明らかになっています。わたしのトレルチ研究は、そうした資料問題を踏まえながらも、彼の思想の核心を主題的に捉えるもので、それを一般になされるようにヘーゲルやシュライアーマッハーからの影響に還元してしまわずに、トレルチ自身の独自の思想展開として捉えることに努めました。それは「歴史形成の思想」と言うべきもので、それをトレルチ自身の用語を使用して Theologie der Gestaltung（形成の神学）として表現しました。トレルチの歴史形成の理論は、歴史的過去と歴史的現在の継承のために歴史学的認識に立ちながら、実存的行為にかけて創造的な将来的、総合的形成を試みる理論で、トレルチはそこに絶対的なものの時間への到来との触れ合いを構想していました。一応の論述をした後、論文として仕上げるために文体や表現の修正、タイプの打ち直しなどに時間がかかり、一九七七年七月にやっと提出することができました。Magna cum Laude の評価を得て、おかげでリゴローズムも五科目は必要でなく、三科目の短いものでよいとされました。リゴローズムでは、組織神学のテーマは「啓示」としてモルトマン自身から、新約学はヨハネによる福音書における「見る」をテーマとしてシュトゥールマッハーから、また実践神学は結婚・葬祭などの「カズイストリー」をテーマとしてイェッターから審査を受けました。

わたしの博士論文にはなお後日談があって、マティアス・グリューネヴァルト社から出版したいとの申し出を受けました。F–W・マルクヴァルトがバルトのイスラエル論を扱ったものを最初にしたシリーズの中に入れるといった話でした。ただしそこに条件があって、多少の費用負担を負うことと、文体をより一層一般読者に馴染むように変えるといったことでした。ドイツも出版が楽でないと聞いていました。それで費用の面は多少は考えられたかもしれません。しかしすでに日本に帰国していたわたしには学位論文の内容をさらに平易な文体に鋳なおす課題は、技術的に不可能でした。学位論文の日本での出版も考え、その主要部分を日本語に翻訳しました。しかし適当な出版社を見つけることができないうちに、いつしか日本語訳の出版のことは忘れてしまいました。思いがけなかったのは、安酸敏眞氏がアメリカ・テネシー州のヴァンダービルト大学に提出された彼のドクター論文（Ernst Troeltsch: Systematic Theologian of Radical Historicality, 1986）の中で、わたしのトレルチ理解に賛意を示したこと、そして彼を介してさらに京都大学での次の世代のトレルチ研究者にも継承されるようになったことです。

学位論文を終えた後、わたしのなすべき課題としてあったのはリゴローズムの準備のほかには、白水社からの『ティリッヒ著作集』の翻訳に参加するようにとの大木英夫先生からの誘いでした。それで一九七七年の夏頃、『ティリッヒ著作集』第一〇巻の『現代の宗教的解釈』の翻訳にとりかかりました。チューービンゲンにはまたディサイプルス系の小さな研究所があり、毎週小さな礼拝の交わりがなされていました。そこで説教するようにとの誘いを何度か受け、それに応じました。

留学経験というものは、誰の場合にも主目標である研究のほかにも、いろいろな出会いや経験の副産物をもたらすものです。チューービンゲンが位置する西南ドイツのバーデンヴュルテンベルク州は、カトリック教会とプロテスタント教会との入り混じった地域です。そのためカトリック教会やその地方の物珍しい祭儀習慣を見物する機会がありました。受難節に入る時期には、付近の町でいろいろな変装をして行進するカーニバルが行われ、六月のコルプス・クリスチの日には、カトリック的影響の強い町では各所の十字架の前に花の祭壇が造られ、町中を行進する催しが行われました。カトリックとの交流で言うと、トレルチ研究の観点からも、トレルチの時代のカトリックの名士であったフォン・ヒューゲルに宛てたトレルチの手紙が出版されたり、ゲルトルート・フォン・ル・フォールの自伝が出版され、それらからトレルチの人柄が偲ばれるのは興味深いものでした。それでル・フォールの終焉の地であったオーバーストドルフにも一泊旅行で家族と共に訪れました。

ある日、メンザ（学生食堂）の地階で催された本のバザーでファン・リューラーの使徒信条の講解のドイツ語版を見つけました。これは後年、教文館から翻訳を出版してもらうことになりました。ファン・リューラーはモルトマンの初期の交流にあった人でもあり、モルトマンはファン・リューラーの Gestaltgewinnung Christi（邦訳『伝道と文化の神学』長山道訳、教文館、二〇〇三年所収）によって、カール・バルトとは違う終末論の可能性を学んだと語っていました。

5　帰国から四〇歳頃まで

一九七八年一月に帰国しました。家族四人で家内の母のもとに転がり込んで、三か月間お世話になりました。四月からは東京神学大学の専任講師として働くことが決まり、併せて小田急線沿線の教会に赴任することも決まりました。その間の三か月間はティリッヒの翻訳をしながら過ごしました。振り返ってみると、三〇代の仕事は、教会の奉仕を別にすると、翻訳が多かったと思います。そういう過ごし方が果たしてよかったかどうかは別です。しかし学位論文を別にすれば、いきなり自分自身の神学的関心の成果を出版して世に出すといった環境はありませんでした。

東京神学大学にわたしは組織神学を専門にする者として任用されたことは言うまでもありません。しかし組織神学には当時、北森嘉蔵、佐藤敏夫、大木英夫、熊沢義宣といった先生方がおられ、わたしは五人目でした。それで当初、担当できる組織神学の科目はなかったのです。わたしは学部一、二年生にドイツ語を教えるのを主にして、そのほかは宮本武之助先生を継いで西洋哲学史を教えました。

それで、わたしの仕事は教会での説教のほかは、翻訳と学術論文を書くことに絞られました。組織神学の研究は、ひたすら年一度出版される『神学』に論文を書く仕方で進めるほかはありませんでした。翻訳については、ティリッヒの翻訳を出版した後は、『トレルチ著作集』一〇巻をヨルダン社から出版することになりました。トレルチの著作の何を翻訳するかは、わたしに決めさせてもらい、翻訳の担当を誰に依頼するかという点では佐藤敏夫先生のお世話になりました。『歴史主義とその諸問題』は誰かに頼むといってもなかなか適任の人は見つかり難く、わたし自身で訳すことにしました。三部に分けて、上巻は一九八〇年、中巻は一九八二年に出版されましたが、出版社の事情もあって、下巻が出版されたのは一九八八年のことでした。それぞれの巻のあとがきには、それなりに興味深い内容の解説を加えることができたと思っています。しかし大作であったために翻訳という仕事の困難も経験しました。それで以後、大作と言うべきものの翻訳はなるべく避けるようになりました。

この翻訳の完成後、トレルチを学ぶ意味を中心に置いて、研究会を佐藤先生のお世話で、内田芳明氏や住谷一彦氏らを加えて行いました。こうしてわたしのトレルチ研究は、学位論文の後にも翻訳をとおし、さらには別の観点からも続行されました。一つは神学史的な追及でトレルチとティリッヒの問題、またデモクラシーとの関連でトレルトとバルトの相違に注目しました。もう一方ではトレルチとマックス・ヴェーバーとの類似と差異を問うというテーマがありました。これらの問題は、近代世界の継承や克服についてのプロテスタンティズムの評価に関係し、キリスト教倫理学や弁証学の主題に関連しました。わたしの倫理学や弁証学においては近代世界や近代文化に対するプロテスタンティズムの意義を認識するトレルチの研究が重要な位置を占めるようになったと思います。このことはやがて六〇代、七〇代の著作の中で表現されることになります。

わたしの神学研究の関心は、トレルチとその周辺をめぐることに限定されたわけではありません。トレルチ以後の二〇世紀の神学者たち、なかでもバルト、ティリッヒ、それにファン・リューラーやH・ベルコフ、そしてモルトマンやパネンベルク、さらにユンゲルなどに向けられました。さらに言うと、パウル・アルトハウスの教義学やレギン・プレンターの『創造と救済』、ペーター・ブルンナーの論文集なども東京神学大学着任の頃から入手して、折に触れて読みました。

論文は発表の場所はなくとも、できるだけ書くようにしました。テーマを何か一つに絞って、その一つに集中し続けるという風ではありませんでした。初めからいくつかの、あるいはいくつもの主題があって、それを持続的に持ち続けるというふうでした。わたしの神学的な研究成果を著作の形で出版したのは、かなり遅く、『現代神学との対話』(一九八五年)が最初でした。そのときわたしはすでに四二歳になっていました。そのきっかけは後に聖学院大学出版局に移られた山本俊明氏がヨルダン社の編集の仕事をしておられ、『トレルチ著作集』の第六巻(『歴史主義とその諸問題』下巻)のお世話をくださったことです。彼からわたし自身の著作を出版したいと声をかけてくれて、わたしは『現代神学との対話』と『礼拝と教会形成の神学』(一九八八年)の二冊を提出しました。前者が最初に出版されたわけです。困難な出版事情を考えてみれば、こういう恵まれた経験はめったにあるものではありません。それまでのわたしは考えてみると、そういう幸運をただ受け身で待っていただけで時を費やしたと思います。それでやがて、若い世代に勧める機会があるときには、自ら出版のために出版社に申し出るようにと勧めるようになりました。

『現代神学との対話』に収録された諸論文は、三〇代の作です。そしてこの論文集の配列を記した序文を見ると、第一部には「啓示や歴史、あるいは神認識といった主として神学序説的な問題」、第二部では「神論、キリスト論、聖霊論に関係するもの」、第三部は「プロテスタンティズム論やイスラエル論といった問題」という配列が記されています。わたしには倫理学的な関心や弁証学的な関心が継続的にあったことは事実ですが、それらの諸問題も含めて当初から教義学的な構想によって包括する意識があったと言ってよいでしょう。わたしはトレルチ研究者として、トレルチに対する親しみとともに彼に対する尊敬の念を持っていたのですが、教義学を放棄しようと思ったことは一度もありません。トレルチからの思想的継承を身に帯びながらも、彼の『信仰論』の限界を越えて、本格的な教義学を、それもバルトにおいて希薄になった歴史的出来事とその意味の認識を踏まえて、さらには聖霊論の弱点を越えて、思惟すべきであると考え続けました。大ナタを振るう言い方で言えば、トレルチとバルトを相互批判的に検討し、どちらの欠けをも克服することが課題と思われたのです。

神学教師の課題には、学内における授業の他に諸教会からの依頼に応えて伝道や教会形成の現実的な諸問題について語ることも含まれています。日本基督教団の「紛争」が明らかにした諸問題にも取り組む必要がありました。それで礼拝の意味、伝道の回復、信仰告白の意義、教職や按手礼の意味、教会政治、敬虔主義の長所や短所といった諸問題は初めからの問題意識にあって、それらについて語り、また書きました。それら教会的な諸問題については、時折、大木英夫先生の滝野川教会による月刊誌『形成』や日本基督教団の再建と改革の運動体であった「福音主義教会連合」の機関誌に記事として掲載していました。それらが『礼拝と教会形成の神学』の中に収録されました。

6　四〇代の頃

東京神学大学専任講師になったのは一九七八年四月（三四歳）でしたが、組織神学を担当し始めたのは一九八〇年からです。その最初は倫理学の担当でした。それまで倫理学を担当しておられた大木先生が学長になられ、学長として担当する科目が増えたためでした。さらに言うと、東京神学大学の組織神学科目は教義学、倫理学、弁証学の三区分を持つ仕方で、一九八四年からは順番に担当を交代しながら扱うようになりました。つまり、四〇代になって初めて組織神学全体を担当するようになったわけです。こうしたやり方から担当科目の内容についても、毎年新しく考え直す環境ができたとも言い得るでしょう。しかし学部の講義は、一つの主題に集中して深めていくには適当とは言えません。組織神学の三科目は聖書神学を専攻する人たちにも必修として受講を求められました。それで各論を深めて講義する力は、勢い大学院の科目に注がれることになりました。その頃の思い出として、佐藤先生から伝え聞いたことがあります。

日本基督教団の「紛争」の中で、いわゆる「造反」に屈しないで戦っていた集団は「連合、東京、東神大」（福音主義教会連合と東京教区と東京神学大学）と言われた頃です。その紛争の中で東京神学大学の教授会を去ったのは、井上良雄氏ただ一人でした。佐藤先生からの伝聞で聞いたことは、井上良雄氏の言葉として、東京神学大学の教授たちはそれほど勉強してはいないと言われたというのです。それは授業一覧（シラバス）を見て、海外の書物をテキストにする演習ばかりがなされていて、各自の研究の成果に基づく講義（「特殊講義」など）が少ないので分かる、と。伝聞ですので、その言葉の真偽は分かりません。ただ、わたしはそれを聞いて、一つの決意をしました。それはちょうど大学院での講義の責任がわたしにも始まったときでした。一つの決意というのは、これから始まる大学院での担当科目の一つで、かならず自分のテーマ研究を素材にして講義をする、それもかならず学期ごとに新しい講義をするという決意でした。授業内容として果たしてそれが学生指導上最善であるか否かは、当然疑問のあるところです。しかしわたしはそう決意し、ほぼそれを守り抜きました。今から思うと、あのように聞き、あのように決意したあの日は、わたしの人生の最良の一日に数えることができると思います。

講義は毎年、紀要論文の形で発表もしましたが、中には発表の機会を得ず、後にそのまま出版したケースもあります。いずれにしても、以後出版した学術的な文章のほとんどすべては、大学院での講義の際の悪戦苦闘が織り込まれたものになりました。しかしそれらの出版は四〇代ではなく、その蓄積を待って五〇代以後のことになりました。

最初の出版は、すでに言及した論文集『現代神学との対話』でしたが、続いて『礼拝と教会形成の神学』、そして説教集『中断される人生』（教文館、一九八九年）が続きました。四〇代の最後の出版は第二論文集として『歴史の神学の行方』（教文館、一九九三年）でした。第一、第二論文集に共通するのは、二〇世紀のいろいろな神学者の成果の理解、またその評価と批判といった対話を試みたことです。またそれをとおして自らの神学的思惟の遂行を図ることでもありました。この手法はその後の研究的営みにも一貫して継続さることになりました。

『歴史の神学の行方』は、ティリッヒについての五論文とファン・リューラーに関する三論文を含んでいました。ファン・リューラーの方はオランダ語の『ファン・リューラー著作集』を資料として扱いました。オランダ語を自学自習で読む努力をしたことが背後にあります。また「カール・バルトと幼児洗礼」という論文を収録しましたが、これは幼児洗礼をどう考えるかという牧師として負うべき重大課題に対するわたしの回答を表明したものでした。わたしも妻も幼児洗礼に対して否定的な教派を背景とする教会の出身で、浸礼（全身を水中に没する）の形態による洗礼を受けました。またわたしたちの二人の子供たちにも幼児洗礼は授けず、長男が中学生、長女が小学校の上級生になったとき、信仰告白を求めて、成人洗礼の形で洗礼を授けました。しかしその後、わたしは幼児洗礼を肯定するようになりました。変化した理由は、洗礼の出来事それ自体にサクラメントとしての効力があると考えるようになったからです。この線上でわたしはカール・バルトの洗礼論（また聖餐論にも）とは異なっていることを、論文として明らかにしました。バルトの洗礼論は、コルプス・クリスチアヌムがなお残るヨーロッパにあって、その残滓と戦っているとわたしには見え、わたしは異教の地で神学しなければならないと感じられました。あるときＩＣＵの礼拝にマルクース・バルト父娘が訪れ、わたしも偶々その礼拝に参加していました。礼拝後、カール・バルトの孫にあたるそのお嬢さんが、なぜ洗礼を受けるのかとわたしに聞きました。わたしはなぜ貴女は洗礼を受けないのかと聞き返しました。バルト家もいまや信仰の継承という困難な課題にさらされているのを知りました。

一九八七年からその翌年まで一年半にわたって、長山信夫牧師の依頼を受け、鳥居坂教会において「信徒のための神学講座」の講演をお引き受けしました。その講演内容は毎回原稿起こしがなされ、資料としてその次の参加者に手渡されていました。前半は「現代人を生かす神学」と題し、後半は「現代における教会」と題して行われました。この講演録は後に長山牧師の発意で教文館から『信徒のための神学入門』として出版されました。出版年は一九九四年ですが、実際の内容である講演はわたしの四〇代のときのものです。何人かの見知らぬ方々から好意的な読後感を記された葉書をいただき、ある牧師からはその教会の長老の愛読書になり、葬儀の棺に納められたといった報告をいただき、恐縮するとともに、責任の重さを感じさせられました。

この四〇代の講演は、後の『キリスト教教義学』の内容に照らし合わせると、いくつかの基本線において連続していると言わなければなりません。例えば命のモティーフ、神の子とされること（ヒュイオセシア）の強調、キリストと聖霊の相互的関係の理解、三位一体論における聖霊の位格性の主張、その他にも多々挙げられるのではないかと思います。神学的な思惟における継続性というものは賜物の性格があると言わなければならないでしょう。講演したものを出版することは、正確を期す意味からは警戒が必要ですが、わたしは依頼されれば、できるだけ引き受けようと考えました。日本の伝道や教会形成について講演を求められたときには、そのすべてではないにしても出版に耐え得るように準備することも心掛けました。当然この面での著作が何冊か出版されましたが、『教会と伝道のために』（一九九二年）、『伝道する教会の形成』（二〇〇四年）、『日本の伝道』（二〇〇六年）、『福音主義自由教会の道』（二〇〇九年）などがそれです（いずれも教文館）。

それらの背景には、諸教会の修養会などで求められて講演することがありました。神学校で教える者として各地の諸教会で講演する機会を与えられました。東京神学大学の後援会活動で訪れる場合もあり、またかつての学生が赴任した先に招かれることもありました。関東諸県だけでなく、北海道、四国、九州、沖縄、その他都道府県のほぼすべてにわたって諸教会で奉仕する機会を与えられました。

一九八七年四月、わたしは教会の主任牧師の奉仕を退きました。いくつかの理由が重なって一時、健康を害し、家族と共に銀座教会の礼拝に出席するようになりました。その後二、三の教会で代務者を務めることはありましたが、主任牧師の任を負ったのは、初めの頃の一二年間だけです。卒業生が伝道師として赴任した教会の洗礼や聖餐式の執行に行くようになりました。また後援会活動で主日の礼拝奉仕にも携りやすくなりました。休養していた最中に、楢本信篤先生が学生への講義に来られた折、教会のことで体調を壊した経験は自分にはないことだと言いながら、高知の諸教会への奉仕に引っ張り出してくださり、高知の宿毛から芸西まで幾日かにわたって奉仕する機会を与えられ、以後何回も誘っていただきました。それにしても主任牧師としての教会の任から解かれたことは、神学研究の点では、一層、エネルギーを注ぐことができるようになったと思います。

他方では、学校法人聖学院の理事として、それ以前から関係していましたが、さらに「聖学院大学」の設置に関係するようになりました。理事長であった大木英夫先生の誘いを断ることができなかったからですが、わたし自身の中にも「キリスト教大学の形成」に対する関心があって、「大学の神学」を構想する意欲もあったからでした。大学が設置されるキャンパスには、その前に女子聖学院短期大学があって、そこに宗教センターが活動していました。それを新設の大学の責任を負う形に拡大し、わたしは宗教センターの所長の役割を負うようになりました。これは、宗教主任の先生方や職員の方たちとの協力に基づくもので、時間的にはわたしは週に一日出席するだけでしたが、四六歳から六〇歳で退くまで、一五年間続きました。

キリスト教大学と言っても、一般には学問・学科やその教育は、特にキリスト教的ということはなく、宗教的に中立的に営みがなされ、ただキャンパス・ライフの中にキリスト教的活動や交流・交友関係を強調していくものと考えられています。中川秀恭氏（国際基督教大学学長）はそうした宗教的中立性において営まれる学問的方法論を「方法的無神論」と称していました。わたしはこれには賛成ではありませんでした。むしろキリスト教大学の根底には、キリスト教的真理概念の認識があり、学問とその研究・教育の機関そのものがキリスト教的真理概念による根拠づけによって成立すると考えました。教室は無神論、キャンパスだけがキリスト教というわけにはいかないという考えでした。こうした観点から、大学・学問・教育を再考する「キリスト教大学の神学」をわたしは構想し、主張しようと思いました。教育の問題も大学形成の問題も、わたしにとっては「キリスト教の世界政策」の重大な一部門でした。この課題について、いくつかの文章を書きましたが、それらは学校伝道研究会編の三冊の論文集に収録されています。その最初の論文「プロテスタント大学の理念――『大学の神学』をめざして」は一九八六年の講演を原稿にしたものです。いくつかのキリスト教大学、あるいは高等学校での教員研修会などに講演の依頼を受けました。北星学院大学、東北学院大学、静岡英和大学、山梨英和大学、金城学院大学、北陸学院高等学校、活水女子大学などでした。聖学院の理事を退いてからも、国際基督教大学の理事、東洋英和女学院の評議員を続けましたが、それらはいずれもあまり役に立てたとは思われませんが、その責任を引き受けた根本には、自分なりに「キリスト教大学の理念」を構想し、「キリスト教的真理概念」に基づく「大学の神学」を意識しながらのことであったのです。

教会の主任教師を辞し、銀座教会に出席し、やがて協力牧師として月一度の礼拝説教を担当するようになって、夏の休暇を研究のためにまとめて過ごすことができるようになりました。しかし東京神学大学の研究室には、当時、空調の設備がなく、キャンパス内の校宅には書斎を持てるだけの部屋数もありませんでした。その結果、毎年の酷暑の夏にどこに研究の場を見出すことができるかということは、わたしの周辺の誰でもの問題でした。その頃、山本和氏が『救済史の神学』（創文社、一九七二年）という大作を出版しました。古屋安雄宅で行っていた研究グループの会でだったと思います。事情通のある先生が、あれは毎夏白馬で過ごした成果だと語っていました。わたしの身近には、妙高池之平のクリスチャン村に場所を持っている先生もいましたし、野尻湖の宣教師村に伝手を辿って毎夏過ごす先生もいました。

一九八七年頃、わたしは八ヶ岳南麓に小さな場所を得て、そこに毎夏、涼を求めながら研究に過ごすことができるようになりました。夏の休暇は大変貴重で、海外で過ごすことなどわたしはほとんど考えもしませんでした。七〇歳を越した頃、元エリート官僚が高齢にもかかわらず自動車の運転によって若い母と子を過失致死に至らせた事件が起きました。その刺激もあって、わたしは比較的早く運転免許証を返上しました。それからは八ヶ岳南麓の場所は使用不可能になりました。しかしそれまで四〇代半ばから三〇年間近く、わたしは毎夏、妻と共に八ヶ岳南麓に行き、そこで過ごし、その間は論文に打ち込み、日曜日が来ると少し隔たった富士見高原教会の礼拝に参加しました。終日、神学の研究と著述に打ち込み、研究に疲れ、執筆に行き詰まると、近くの温泉に行き、比較的微温めの露天風呂に入って、白雲の流れる青空や風にそよぐ木々の緑を眺めながら、論文の構想を練り直しました。今、振り返ってその日々を思い起こすと、至福の日々を過ごしたと思います。

一九八九年、ベルリンの壁が崩壊しました。その年、ローザンヌでトレルチについての学会が行われ、わたしは久しぶりにヨーロッパに行き、帰路ベルリンとミュンヘンに寄りました。学会では東ドイツからのクルト・ノーヴァクの講演があり、若いトレルチ研究家H・ルディースから、トゥルッツ・レントルフの弟子でトレルチ研究会の若手のリーダーであるF・W・グラーフに会っていくとよいと誘われました。クルト・ノーヴァクには「アンチヒストリスムス的革命」という論文があり、グラーフには同一の用語によって一九二〇年代に出発した弁証法的神学やその他の神学についての時代史的分析を記した論文があります。トレルチ自身とトレルチの研究から生まれたこのアンチヒストリスムスの見方に、わたし自身も共感を覚えていました。ローザンヌでの研究会の後、ベルリンの壁の崩壊直後の様子にまず興味を持ってベルリンに行き、それからミュンヘンに回り、アウクスブルク近郊のグラーフの家でお茶に招かれました。彼はチュービンゲンに出したわたしの論文を読んでいました。その後、グラーフは度々聖学院大学に来て、講演し、一度は東京神学大学でも講演してもらいました。その講演後、鈴木孝徳牧師がドイツ語で質問したのは印象的でした。

グラーフは緻密な歴史家であり、ヴェーバーとトレルチのすぐれた研究家ですが、説教する神学者ではありませんでした。ボンヘッファーをどう思うかと聞いたところ、あの死に方をしていなければほとんどただの人だという、いかにも知能指数の高い知的解答が返ってきました。シュトラウスやトレルチの研究からさらに歴史研究に向かって行った彼と、教義学に向かって行くわたしとでは隔たりが大きかったと思います。グラーフとはその後、二、三度顔を合わせましたが、彼はヴェーバーと当時の宗教史学派の関係の詳細な研究や、その他小冊子などで、優れた歴史研究をもたらし、「ライプニッツ賞」の受賞者として力量を評価され、研究仲間を組織し、壮大な批判的行程作業に基づく『トレルチ全集』の出版を遂行しました。ある時の話で、パネンベルクからもっと大部の書物を書かなければいけないと言われたと語っていました。いかにもドイツの神学者たちの間の話として興味深く思いました。イギリスであれば、そうは言わないであろうと思います。小さな書物で知恵の洞察に富んだ名著のある国柄です。しかし学問となると、その方法や対象規定の諸論議、そして使用する歴史的資料の豊富さが求められ、その研究史の吟味が求められます。勢い、研究成果は大部であることを求められ、全集的な叙述も求められるでしょう。

話をもう一度ベルリンからミュンヘンに回った時に戻しますと、わたしはグラーフを訪ねた翌日、何の準備もありませんでしたが、この機会にパネンベルクに会えるなら会って帰ろうと思いました。電話で都合を聞いたところ、乱暴な話ではありましたが、時間を取ってくれると言うので、パネンベルクの研究室を訪ねました。話題は主としてパウル・ティリッヒのことになりましたが、わたしにはよい思い出で、そのときのことはすでに『二十世紀の主要な神学者たち』（教文館、二〇一一年）に記しました。ティリッヒの教理史的知識が不正確であることにわたしも気づいていましたが、パネンベルクはそのことを語って、アメリカでは許されても、ヨーロッパではそうはいかないと語り、自分も歴史上よく通じているのはドゥンス・スコトゥスくらいで、他の人については不充分だと語り、教理史全般に通じたうえで自己の神学を遂行するのは不可能だとも語っていました。パネンベルクでもそう言うかという思いで聞きました。旧約、新約の聖書学に通暁し、教理史・神学史を通覧しながら、新しい神学形成に努めることは、もはや不可能な道に近づいている。電子資料やコンピュータの発達によって補い得るものでもないであろう。しかしそれを単純に断念するのでなく、その努力を続けながら、しかし創造的な神学の遂行はなお別な質において可能性が開かれ続けるであろう。そう思われました。

わたしの最初の説教集『中断される人生』（教文館）が出たのは同じ一九八九年でした。すでに

W. パネンベルク氏と共に（1990 年 3 月 22 日、パネンベルク氏の研究室にて）

F. W. グラーフ氏を囲んで（2000 年 5 月 13 日、東神大校宅にて）
（右から古屋安雄氏、グラーフ氏、安酸敏眞氏、二人おいて筆者と妻）

中断された誰かの人生ではなく、誰でも「中断される人生」を生きているというのが、表題の意味です。それは予知し難い死による中断を意味してもいますが、それ以前に礼拝する人生が示しているように、神の招きによって世の営みを中断され、自分でも中断して神の御前に立つ。そのように神の御前に立つことが人生に完成をもたらす。そうした神による中断とそれによって完成される人生のあることをその表題で意味したつもりです。それにしても、この表題の背後には、四八歳で世を去ったわたしの父の人生を思うところがありました。この説教集は、わたしには珍しく、何度も版を重ねた出版物になりました。

7　五〇代の頃

一九九六年、『トレルチ研究』を教文館から出版しました。これはわたしの博士論文の主要部分をすでに邦訳し、それを自分でも忘れていたのを再発見して、それにその後多少とも継続的に進めたトレルチ研究を含めて、上下二巻にしたものです。継続的に進めた研究というのは、具体的にはトレルチの旧約預言者の研究や、ダンテ研究を扱った論文、それに東京神学大学の始業講演で語った「トレルチとバルト」、さらに聖学院大学の研究会で講演した「トレルチとヴェーバー」に関する諸論文です。「トレルチとバルト」は、ワイマール時代のトレルチとバルトのデモクラシーに対する姿勢の違いに注目し、ドイツのデモクラシー化に努力したトレルチを評価し、ワイマール体制の崩壊まで支持的ではあっても傍観者であったバルトの神学的根拠が『ロマ書』第二版の神学姿勢に見てとれるのを批判的に扱いました。この始業講演は、一九八五年秋のものでしたが、その後のわたしの「デモクラシーの神学」をめぐる一連の研究の開始をなすものでもありました。

「トレルチとヴェーバー」は、彼ら自身の時代にあってはリッチュル学派のプロテスタンティズム史理解に対抗した意味で、二人はハイデルベルクの同志であり、さらに二人の先輩ゲオルク・イエリネックによる人権宣言史の研究も併せて、近代世界に対するプロテスタンティズムの意義を類似の評価で扱った学的同志でしたが、この二人のむしろ相違点に注目したものです。ルター派よりはむしろ改革派に重点を置き、さらにはピューリタニズムを含めて「禁欲的（アスケーティシュな）プロテスタンティズム」の意義を高く評価したのは二人の共通点でした。これらの意味で彼らのプロテスタンティズム研究は、近代世界の開始に対するその意義の評価において、プロテスタント・キリスト教に関する弁証学的な意味をも保有していると思われます。

しかしプロテスタンティズムの意義は、そうした歴史的な意義の理解に尽きるものではありません。プロテスタンティズムは、今日を生きる教会にとって、まさに現代的な意義を持ち、将来の人類史形成に対しても欠くことのできない希望を支える存在です。トレルチはヴェーバーの子供の洗礼式に立ち合う務めを果たしたと言われますが、しかしヴェーバーにとってはプロテスタンティズムは過去に属する問題に化していたのではなかったでしょうか。これに対して、トレルチにとってプロテスタント・キリスト教は、現代に生き、将来を望む信仰の生の主体的姿勢そのものでしたし、さらには現代的ヨーロッパ文化総合の核心部分をなしてもいました。こうした現代的なキリスト教に対する評価の差は、ル・フォールがその半生記の中で証言しているように、すでにハイデルベルク河畔の同じ家の上下に住んでいた両家の間に漂う気づまりの原因にもなっていました。「トレルチとヴェーバー」という問題は、現代と将来に対するプロテスタンティズムに関わる実存の問題として対抗的な緊張を意味しています。この問題は、『トレルチ研究（下）』に収録しただけでなく、やがてわたしの七〇代に完成を見る『キリスト教弁証学』の第三部の扱いに継続しました。

「トレルチとバルト」に始まった「デモクラシーの神学」の問題は、どうなったかと言いますと、時代を遡っては、ジョン・ロック、ミルトン、カルヴァンにその問題を尋ね、下ってはトレルチ、フォーサイス、ブルンナー、ニーバー、さらに神学者ではないけれども、キリスト教的な政治哲学者A・D・リンゼイを特別な思いで扱いました。日本の場合については植村正久、吉野作造、南原繁を論じました。その多くは大学院の講義で扱い、また夏の山小屋の生活で論文として記したものです。それらの発表は、東京神学大学の『神学』や『聖学院大学論叢』で行い、それに佐藤敏夫、古屋安雄、倉松功といったわたしの先生や先輩たちのそれぞれの記念論文集を編集した際に、献呈論文として献げました。最終的には未発表のままであった原稿も含めて、『デモクラシーの神学思想』（教文館、二〇〇〇年）として出版しました。

この書をでき上がりとともに幾人かの人たちに贈呈しましたが、その翌日、早々に佐藤敏夫先生から驚きを含んだような声で電話があったのを思い起こします。また、大木先生は出版のお祝いを

倉松功氏を囲んで（2012年10月23日、教文館ウェンライトホールにて）
（左側が大木英夫先生御夫妻、中央が倉松氏、右側が筆者と妻）

少人数の会食会で表現してくださいました。この書でもう一つ思い起こされるのは、ＩＣＵの千葉眞氏と中央線に乗り合わせたとき、これと類似の書は欧米にもないのではないかと言われたことです。それはまた英語やドイツ語での出版を考えないわたしの出版態度の欠けを衝くことにもなりました。それ以外は特に記すほどの反響があったわけではありませんでした。一九七〇年前後の全共闘運動に批判的なわたしの姿勢を問題にしたものがありましたが、応答のしようもありませんでした。ただししばらくしてですが、この書の中で南原繁を扱ったことが、当時発足した「南原繁研究会」の会長、鴨下重彦氏の目に止まりました。それでわたしは第三回南原繁シンポジウムに呼ばれて、講演することになりました。学士会館を会場に「南原繁のキリスト教信仰と学問思想」という題で語りました。会場には斎藤光氏や河上民雄氏も来会しておられたと記憶します。わたしのその講演は、『宗教は不必要か——南原繁の信仰と学問』（to be 出版、二〇〇七年）に掲載されました。

五〇代でのその次の出版物は『伝道の神学』（教文館、二〇〇二年）でした。これは前半で日本における伝道の課題をいくつかのテーマに従って扱い、後半は「組織神学における伝道の神学」をマルティン・ケーラー、トレルチ、ブルンナー、バルト、ファン・リューラー、モルトマンに辿り、最後にわたし自身の「伝道の神学」を記すという構成になっています。前半の方は、東京神学大学の毎年の行事である教職セミナー、伝道協議会、それにその頃始まった第一回の学校伝道協議会での講演、あるいは他校、日本キリスト改革派教会の神戸改革派神学校での宣教セミナーでの講演、東京基督教大学の創立記念日での講演などを収録しました。「日本基督教団における伝道——その喪失と回復」は、福音主義教会連合の機関誌に掲載したものでした。後半は伝道の神学史でもあって、その一部は大学院の講義で扱ったものです。扱った神学者は、ファン・リューラーを除いて、他はヘニンク・ローゲマンの『現代の組織神学における伝道と宗教』（H. Wrogemann, Mission und Religion in der systematischen Theologie der Gegenwart, Göttingen 1997）に扱われた人々と重なっています。しかし内容から言うと、わたしとローゲマンとでは大きな違いがあります。ローゲマンは基本的に現代における伝道を宗教的多元性の現実に即して「宗教間対話」の方向に持っていこうとするからです。わたしの伝道の神学は、伝道をより鮮明に教義学的な根拠づけによって、救済史的な中間時における教会のあり方として、神の国に対する待望の姿勢として理解しようとします。「対話」

が伝道の契機として位置を持つとしても、伝道は本来、対話ではありません。神から来る救済の出来事の告知です。

わたしとしては後半の神学史的論述の方により一層の力を込めたつもりでしたが、結果からすると、読者の反応はむしろ前半の方からが圧倒的に多かったように思われます。特に日本基督教団の牧師たちからは、「『教団史』における伝道の喪失」は教団紛争に先立つ一九六〇年代初めの日本基督教団の「宣教基本方策」や「宣教基礎理論」の策定にすでに萌芽と傾向があるというわたしの指摘に関心が寄せられました。思いを越えて多くの方からの関心を受け、この書はオンデマンドで入手されるようになりました。「伝道」という言葉の復権が起こり、「文書伝道」を語ることも再び可能になった、とも言われました。

この書の中で意外と思われたのは、わたしがマーティン・ロイド＝ジョーンズの説教を評価したことであろうと思います。もちろんロイド＝ジョーンズの神学はルイス・ベルコフに近く、改革派神学としても旧時代的であり、その聖書解釈も問題のないものではありません。しかし彼の力強い説教は模範的と言うべきでしょう。韓国の牧師たちの間でよく読まれている説教者がロイド＝ジョーンズであることを留学生から知らされ、ローマ書の説教をはじめ彼の著書を読みました。『旧約聖書による福音主義的説教集』や『ピューリタンたち――その起源と継承者たち』の翻訳を期待する旨を書きました。反応があってその後、前者が訳出されました（邦訳『旧約聖書から福音を語る』いのちのことば社、二〇〇八年）。わたしは後者の方も翻訳されたらよいのではないかと思っています。

ここで少し神学生諸君との神学研究の交わりについて記しておきたいと思います。わたしたち家族が三鷹市にある東京神学大学のキャンパスの校宅に移り住んだのは、一九八〇年の末でした。わたしはそれ以来自発的な読書会というか、研究会を催してきました。修士論文の指導のため「論文合宿」も数年間、行いました。家での研究会の方はやがて「神学の夕べ」と呼ぶようになり、毎回七、八人の学生諸君が集まってくれました。家内がケーキを焼いたりして、そちらの方が楽しみの人たちも多かったように思います。何を読んだかはあまり記憶にありません。トレルチや現代のものだったと思いますが、バルトのFides quaerens intellectum（『知解を求める信仰』）を読んだときもありました。二〇〇〇年に妻の母が病に倒れ、看病の必要もあって、キャンパスを出て、文京区本駒込の妻の実家に移転しました。それで「神学の夕べ」も本駒込に場所を移して続行されました。それと同時にバルト『教会教義学』を第一巻の一から、つまり神の言葉の神学の初めから読み直す機会を得ました。このことは、わたし自身の研究に大いに参考になりました。学長の職務を引き受けた間は、またキャンパスの校宅に戻り、そして定年による退職があって、「神学の夕べ」の使命は終わりました。しばらくの時を挟んで数年前、青山学院大学の森島豊氏の呼びかけで、青山学院大学において「神学の夕べ」を神学生たちの研究会の枠組みを越えて、若い研究者の研究発表の場として、しかも神学生や好学の方ならどなたでも加われる形で再開されました。この会はコロナ感染の脅威の中でもオンラインで二、三か月に一度の頻度で行われ続けています。

五〇代の説教集としては、『癒しと信仰』（教文館、一九九七年）を出版しました。これには癒しを語る説教を収録するとともに、「癒しの神学」を構想しながら講演したものも収録しました。那覇市の田崎病院やサマリア人病院の田崎邦男院長が拙宅を来訪され、それを機会として幾度か講演のため沖縄を訪ねるようになりました。わたしにはもとより医療の資格も経験もなく、また特別な訓練を受けたこともありません。ただ主イエスが癒しをなし、福音は新しい命の出来事であり、聖霊は命の力です。復活者の現実に触れることは死に打ち勝つ力に触れることです。ティリッヒにも一種の癒しの神学が含まれていますが、それは存在論的であって、主イエスの贖罪の御業との関連が欠如しているとわたしには思われます。わたしは主イエス・キリストの救済の出来事における神の働きによって癒しの神学を語ろうと思いました。この問題もその後に引き継がれることになりました。この説教集は有馬式夫氏など精神医療の方面に関心を抱く牧師たちに多少の話題を提供したと思われます。

五〇代に出版した説教集は、その他に『クリスマスのメッセージ』（一九九九年）、『窮地に生きた信仰』（二〇〇二年）、『しかし、勇気を出しなさい』（二〇〇四年）があります（いずれも教文館）。『クリスマスのメッセージ』には妻に表紙と挿画を書いてもらって、夫婦合作にさせてもらいました。『窮地に生きた信仰』は旧約聖書による説教ですが、そのうちヨセフ物語は一九九一年、ダニエル書は一九九二年の説教ですから四〇代に属します。ダビデ物語はそれから一〇年近く経って、二〇〇一年から二〇〇二年にかけての説教でした。毎回聖書地図を開きながら、楽しく説教の準備をした記憶が残っています。

8　六〇代の頃

学生時代、北森嘉蔵先生がこれと言って神学的に何も表現するものなく三〇歳になった者には神学的な期待はあまり持てないようなことを教室で語ったことがありました。北森先生らしい早熟の神学を語ったわけです。わたしたちは皆、自分の年齢を考えてがっかりしながら聞いていました。しかし神学の内容はそうそう早分かりするものでもないであろうとも思われます。神学もまた人間の営みである以上、その営みに相応しい年齢があると言えなくはないかもしれません。スポーツであれば、極端を言えば一〇代が一番いいスポーツがあるでしょうし、三〇代でも可能なスポーツもあるでしょう。年齢とともに成熟する人間の営みもあるものです。一般的に言うと芸事はそうです。落語でも、歌舞伎役者でも、名人と言われるのは、七〇代、八〇代です。日本画家奥村土牛は一〇〇歳で富士を描きました。

神学は生涯の神学であると思うのですが、どうでしょうか。ことはそれぞれの人生であって、一般的なことはそう簡単に言えるものではないかもしれません。しかしできれば神学もできるだけ早くから関心を持って、取り組まれなければならないでしょう。その上で熟達するには年齢も必要とされるように思われます。その人の神学的思惟の上で力いっぱい出し切れる時に、最も重要な神学的課題に取り組むことができれば幸いと言うほかはないでしょう。またそのような人生の過ごし方ができるかどうかということを含めて、神学の伝統があるかないかが関係するのではないかと思われます。最重要な神学的課題は、わたしにとっては「組織神学」の遂行であり、中でも「教義学」の取り組みです。したがってわたしの六〇代、七〇代は、組織神学の著述に向かって過ごされなければなりませんでした。少なくとも、願いとしてはそうでした。もちろん教会の礼拝説教、あるいは伝道会や修養会の奉仕などは、できるかぎり引き受けるのが、神学教師の道です。しかしそれ以外にはエネルギーの拡散をできるだけ避け、また取り組む主題も組織神学に集中することが、人々からではなく召命からして求められます。わたしはそう心掛けましたが、そう思うようにはいかなかったとも言わなければならないでしょう。

六〇代の著作はまず、『啓示と三位一体』（教文館、二〇〇七年）でした。これは続く教義学的主題と取り組む第二、第三巻を予想していました。ここでもその手法は、最初の『現代神学との対話』の手法でした。なかでも第一論文「歴史的啓示の考察」によって、わたしの教義学の基本的姿勢を打ち出しました。「わたしの神学」と言うことができれば、それは「歴史的啓示の神学」と言ってよいと思っています。青年のときからの信仰と歴史、あるいは神と歴史の問題を引き次いでのことです。歴史的啓示はその事実が重大で、その事実は一面においては歴史学的な認識の課題です。その意味ではトレルチが歴史のイエスを歴史的に語る戦いを戦い抜かなければならないと語ったことを、わたしは意欲において継承しています。したがってそれは、同じドレーヴスの「イエス神話」に対抗しながら、歴史学の結果に悩まされることを原理的に拒否したティリッヒの表現主義的な現象学による存在論の方向とは異なってきます。ティリッヒではあたかも「イエスなきキリスト教」が可能であるかのような「新しい存在」の方向が探求されます。また、上からの神の言葉の神学によって「原歴史的なもの」を語るカール・バルトとも異なります。バルトの「アンヒュポスタシス・エンヒュポスタシスのキリスト論」では、歴史のイエスは人間としての主体性を発揮するよりは、むしろその主体性は神性の中に解消されがちです。そのやり方では、キリスト者についても、人間として救済史上必須の役割を与えられているとは言えないように思われます。しかしそれに対し、「歴史的啓示」を語ることは、「歴史のイエス」を不可欠として、その歴史のイエスが復活者キリストと同一であることを語ることになります。さらにわたしの言う「歴史的啓示」の立場にあれば、「歴史としての啓示」を語ったパネンベルクに近いと思われるかもしれませんが、実はそうではありません。パネンベルクが全体としての歴史の終わりに真の啓示があると語るのに対し、わたしはそれに賛成できません。神の啓示はむしろ神の自由な意志決定によって、歴史のイエスの人格とその言葉と行為、そしてイエスに降りかかった出来事、つまり十字架と復活の出来事の中に神の活動として起こります。歴史全体が終わることから規定されるものではありません。最近、この拙著『啓示と三位一体』は年数が経ったこともあり、入手困難になりました。それで再版ではなくオンデマンドで発売されるようになりました。

二〇〇九年、わたしは六〇代半ばで東京神学大学の学長に選ばれました。わたしは行政的な仕事を好む方ではありません。それで自分としては、なるべく避けようと努めてきました。しかし教授会の人数が少ない現状から言って、いつかはそうした職務を担わなければならないことは避け難いものでした。わたしの学長就任の年はまた「日本伝道一五〇年」の年でもあり、わたしはこれを単に記念の年としてでなく、できるならば現実に日本伝道の再興に刺激を与える機会としても活用したいと願いました。それで、可能な限り求めに応じて、伝道説教や伝道講演に努めたつもりです。いわゆる福音派の方たちや日本基督教団の中でも伝道に熱心なグループの方たちとも交わりを持ちました。しかしこの国における伝道は、もっと根本からの活性化を必要としていると言わなければならないでしょう。新しく起こされる伝道献身者の人数は年々激減しています。わたしたちは大きな課題の前に佇んでいる状態であり、これを何とかしなければなりません。そう思い、危機を感じながら、現実として時間ばかりが過ぎていくのが現状です。

「日本伝道一五〇年」の種々の講演は『福音主義自由教会の道――〈日本伝道一五〇年〉講演集』（教文館、二〇〇九年）に収録しています。なお、その前哨としてすでに『伝道する教会の形成』と『日本の伝道』を出版しましたが、それらは『伝道の神学』からの継続でもありました。これらと別に、その年、わたしは『キリスト教倫理学』（教文館、二〇〇九年）を出版しました。組織神学の分野を教義学、倫理学、弁証学の三分野と考えれば、そのうちの一つの分野を出版したことになります。

教義学と倫理学は、学問史の中で近代的な転換を経験した学科です。かつては倫理学は、宗教的・神学的倫理学として概して教養学ないしは教義学的思想の中にその一部として位置していたと言ってよいでしょう。しかし近代世界の登場とともに、宗教的権威は分裂しても倫理的世界を一つの世界としてどう建てるかという課題は残り、非教義学的な倫理学が構想されるようになりました。ホッブスからカントまでの努力はまさしくそうした近代の課題と傾向を示しているでしょう。倫理学の脱教義学化が進行したわけで、近代的な学問としての教義学はむしろこの脱教義学化した近代的な倫理学によって建てられた文化科学の中にその位置を持たなければならなくなりました。つまり、近代世界において教義学と倫理学の関係の逆転が生じたわけです。シュライアーマッハーの『信仰論』は、この近代的逆転によって建てられた教義学と言うことができるでしょう。しかしそうした近代の文明と科学が、一九世紀末から二〇世紀初めの時代、また第一次世界大戦の激震に襲われ、危機の中に陥ることになります。文明もその中の倫理も教義学に根拠を持たないということであれば、それは信仰に根拠を持たないということでもあり、さらに言えば神関係の中に、否、神御自身の中に根拠を持とうとしないということでもあります。そうした学問世界や文化世界、あるいは倫理道徳の世界が脆弱な人間の世界として危機に陥らないはずはないでしょう。危機におけるそれらの再建は、したがって、もう一度、信仰的、神学的に探究されるほかはなく、倫理学と教義学の秩序の逆転を見せた近代世界における転換は、再度、逆転されなければならないでしょう。神学史におけるカール・バルトの一大作業は、この近代的な転換の再転換を企てたことであったと思われます。この点においては、わたしもまた人間学や近代的な文化・文明の危機を思うカール・バルトの課題と同一線上にあるほかはないと考えています。

しかしながらカール・バルトは、教義学によって倫理学を再建するというよりは、むしろ倫理学を教義学の中に解消することによって解決としました。教義学としての倫理学、あるいは倫理学としての神の言葉の神学を語ったわけです。しかしその問題性は「神の言葉」が「アンチヒストリムス的革命」の形で語られたことにあって、神の言葉としての倫理学も歴史意識を欠如させました。しかしそれは本来歴史的である倫理的なものの歴史性を無視したことになります。

具体的にデモクラシーを例として挙げれば、聖書によって神の言葉を聞き続けていれば、デモクラシーになると言い得るものではありません。バルトはあるとき、聖書に聞き、熱心に祈りに生きていたら、おのずとデモクラシーに帰着するようなことを語りました。しかし現実は明らかにそうではありませんでした。A・D・リンゼイが語ったように、近代的デモクラシーはピューリタンたちのパトニー会議に誕生の時と場を持ち、それ独特の伝播と学習の歴史性を持ちました。それに対し、デモクラシーと無縁であったキリスト教的古代も、あるいは東方教会やローマ・カトリック教会も聖書を読まなかったわけではないし、祈らなかったわけでもないでしょう。しかしそれらからはデモクラシーは生じませんでしたし、あるいはまたカルヴァンがブツァーから継承した「より下位の行政官による抵抗」のエートスも生まれはしませんでした。人権意識も生まれませんでした。倫理はその歴史性から切り離され得ないものです。トレルチが倫理や文化の歴史性に注目し、歴史的形成の問題を思惟し続けたことには十分な理由があったのです。

わたしは倫理学と教義学の関係の近代的転換の再転換を図る点では、バルトに賛成しますが、倫理の歴史性を承認する点ではトレルチに与します。こうした問題を扱うために、『キリスト教倫理学』はその初めに原理論の数章を設けなければなりませんでした。

倫理が扱う対象は、ただ実存のあり方としての倫理道徳に留まるものではありません。客観的な文化価値やその領域、それを担う担い手を考察する倫理学がなければなりません。国家や社会、結婚や家族、諸目的を使命とする自由な共同体、さらには生命や環境や平和についても論じなければなりません。その上で実存的な倫理を「徳論」として扱いました。それら文化価値論と徳論とがわたしの『キリスト教倫理学』の各論部分をなしています。平和の倫理も各論の中で扱いましたが、中国の海洋進出を目の当たりにし、その上で最近のロシアによるウクライナ侵略を見ると、時代の変化に対応しながら平和の倫理をどう遂行するか、改めて考え直さなければなりません。それは倫理学的な問題であり、また教会の世界政策として探求しなければならない問題です。

二〇一三年、学長の任期を終えて、一九七八年以来三五年間教えてきた東京神学大学での現役教授を退職する時が来ました。最終講義は「十字架と神の国」と題しました。「歴史のイエス」と「神の国」の関連をどう理解するかという年来のテーマとの取り組みを示したものですが、キリストの十字架の出来事の終末論的現実が、神の国の実在的到来に規定的に関わることを示そうとしました。イエスと神の国の関係をイエスの方から規定しようとする試みであって、わたしの神学的関心の中核に位置するものでした。この最終講義もその中に収録して、『贖罪論とその周辺』（教文館、二〇一四年）を出版したのが六〇代の最後でした。これまで贖罪論の分野でまとめてきた、わたしの諸論文とともに、パウロとルターの十字架の救済理解の違いについて扱った論文も加えて収録しました。パウロは主の十字架による救済を律法の支配が終わる救済史的な大転換として理解しました。しかしルターは律法による糾弾からの魂の救済を、絶えず繰り返す悔い改めと義認のキリスト者の実存構造として理解しました。ルターの扱いにも真理契機はあるにしても、根本はパウロの救済史的な理解の方であると思われます。わたしはこのパウロの見方に立つことを明らかにしました。『贖罪論とその周辺』の裏頁には「東京神学大学に感謝のしるしとして」と記しました。それは、学長任期のために一年延長された定年退職に当たり、東京神学大学から名誉神学博士と名誉教授を授与されましたが、それに対する感謝の応答を表現したものです。

ちょうどその頃、あるキリスト教大学の理事長から、その大学の学長として迎えたいとの招きを受けました。わたしはその招きを深く受け止めたというよりも、残りの人生をどう過ごすべきか祈って考え、そして改めて教会的奉仕をしながら神学の著述を進めることが与えられた召命に応える道だという思いを強くし、そのお招きをお断りしました。それから一〇年近くが経って、今、振り返ってみて、お断りしたのは折角の行為を無にする非礼が含まれないではなかったけれども、それでも断わってよかったのではないかと思っています。

説教集の著作についても書き留めますと、六〇代の説教集には『いま、共にいますキリスト』（二〇〇六年）、『万物の救済』（二〇〇九年）、『喜び祝い、喜び踊ろう』（二〇〇九年）、それに『確かな救い』（二〇一一年）があります（いずれも教文館）。『いま、共にいますキリスト』では「現在する復活者キリスト」がどの説教においても通奏低音として、あるいは主導的基調音としてあるし、あるはずと語っています。わたしは復活者キリストの現実が真の現実であることを語らなければならないという思いに動かされています。その復活者キリストの受難と勝利にあずかることが教会的礼拝の確かさであり、喜びです。死よりも確かなものはあるかという青年の頃からの求道の問いは、ここに確かな解答を与えられています。この本の献呈に対しては、アメリカ南部文学の専門家須山静雄氏から、毎朝夫人と共に聖書を読んでいますが、ここしばらくはわたしの説教集を読んでいますとの返書が届き、感じた箇所のいかにも須山流の丁寧な感想の文章を受け取りました。次いで『万物の救済』では神の御業を語って、動物が神の御業によって取り扱いを受けることを語るまでに及んでいます。『確かな救い』は二〇一一年三月の東日本大震災後の出版ですが、収録した説教はそれ以前のもので、ルツ記とヨハネの手紙一を主にしたものです。大震災の現実に耐え得る説教をしてきたかと説教者は皆自らに問います。そして同時に常に、そして繰り返し、どんな現実にも耐え得る真の説教を語り告げることができるように、祈り求めて講壇に立ちます。それ以外にはないでしょう。

学長を退き、東京神学大学の専任を退職した年、大和キリスト教会の市川忠彦牧師から隔月ごとに一年、計六回、説教と講演に来るようにとの誘いを受けました。二〇一三年七月から二〇一四年五月まで誘われるままに奉仕をさせていただきました。近隣の教会からも参加する方々がおられ、最後には夫婦で招かれて、豊かな時を過ごさせていただきました。後に六回の説教と六回の講演が、一冊の書物（『人間は何によって救われるか』二〇一五年）になって大和キリスト教会から出版されました。

9　七〇代の頃

その後に残された仕事と言えるのは、銀座教会協力牧師としての毎月一度の主日礼拝説教と、七五歳まで続けられる東京神学大学大学院での一コマの講義でしたが、わたしには現役を隠退したといった意識はそれほどあったわけではありません。それに深谷春男氏を通して東京聖書学校で神学特講を講義してほしいとの依頼を受けて、引き受けました。北森先生がしておられ、佐藤敏夫先生が引き継いだ科目と言われましたが、佐藤先生からわたしの学生であった菊地順氏にホーリネスとの関係のつながりもあって引き継がれたように思われます。わたし自身には特別ホーリネスとの関係があるわけでなく、また年齢的には逆行するのですが、今書いている著作内容を教室で話しながら進めていくのは悪くないという思いがあって引き受けました。

『贖罪論とその周辺』の出版後に取り組んだのは、『救済史と終末論』（教文館、二〇一六年）でした。この主題のためにアウグスティヌス『神の国』を読み直し、エイレナイオス『異端論駁』とフィオーレのヨアキム、それにヨアキムに対するトマスの反論などを調べる機会を持ちました。この著書によってわたし自身の救済史的な立場を示すことにもなりました。旧約学で言えば、フォン・ラートの弟子のロルフ・レントルフの正典論的な立場よりも、むしろ師のフォン・ラート自身の伝承史的な見方に見られる救済史に、また新約学で言えばケーゼマンの非救済史的な神の義によるパウロ解釈よりも、マルティン・ヘンゲルの救済史問題の不可避性を認識した論述に親近感を持ちました。この書は、『啓示と三位一体』、『贖罪論とその周辺』とともに組織神学の根本問題を扱った三部作をなしています。この書によってまた、わたし自身の終末論は、現在的終末論でも、実現された終末論でもなく、さりとて徹底的終末論でもなくて、「すでに」と「いまだ」の二重性を帯びた救済史的な終末論の立場であることを表現しました。

『救済史と終末論』を出版した年、その半年後に『キリスト教弁証学』（教文館、二〇一六年）を出版しました。これらの背景には東京神学大学の『神学』に毎年寄稿した論文の蓄積がすでにあったことと、大学院での講義において学期ごとに主題を掲げて扱ってきたことがありました。「終末論」も「弁証学」もその一部はすでに講義において扱い、論文として完成している部分があったわけです。特に『キリスト教弁証学』の方は、『キリスト教倫理学』と並行して、一九八四年以来担当を何度か繰り返し、三〇年以上の年月をかけた準備が背景になっていました。

神学概念としては、バルトであれば弁証学は成立せず、ただ事実としての弁証があるだけとされています。キリスト教信仰と神学を例えば人間学から打ち立てることは、バルトによれば自然神学になって不可能です。この意味ではバルトはフォイエルバッハと同様で人間学的には無神論ということになるでしょう。しかしわたし自身は、そのようには考えません。むしろフォイエルバッハの無神論的な人間学の主張は、それ自体で不十分であり、無理があると考えます。神学の秘密は人間学だと彼は言います。しかしそれなら、神学の秘密になる人間学とはいったい何なのかです。人間学はなぜ神学の秘密を宿すのかと問わなくてはならないでしょう。啓示の前提は無神論的な人間学ではなく、啓示の中に解答を見出す人間学でしょう。それ自体は啓示に代わることも、啓示を生み出すこともできません。しかしそこには啓示の中に答えを示される探究や憧憬があるのではないでしょうか。それが人間ではないでしょうか。キリスト教的概念の神が人間学的アプリオリであると言うことはできないでしょう。つまりキリスト教のアプリオリがあるわけではありません。しかし人間は本質的に無神論的なものとも言えないものです。人間は「神的なもの」を求めています。「神」の中に解答を見出す「神的なもの」への憧憬は、人間のアプリオリであると言い得るでしょう。

したがって弁証学が、神学の内的根拠であるとは言えませんが、しかし弁証学が神学の外的根拠として可能であると言うことはできるでしょう。そしてむしろ神学の方がそのような弁証学の内的根拠だろうと思われます。倫理学と教義学の転倒した近代的な関係に対して、教義学が倫理学の成立根拠になるような再転倒が求められたように、弁証学と教義学の間にも近代的転倒の再転倒が求められます。教義学は啓示の学として教義学的に立ちます。弁証学を根拠として立つわけではありません。しかし教義学は弁証学を外的根拠として立たせることができます。そうした弁証学の文脈としてわたしは、人間学だけでなく、歴史的世界の文脈、近代世界の文脈、新しい日本の進路の文脈、そして世界の文化や諸価値の文脈を挙げました。わたしの『キリスト教倫理学』同様、『キリスト教弁証学』にも、特にその近代世界の文脈においてエルンスト・トレルチの影響が現れていることは否定すべくもないであろうと思います。芦名定道氏が日本基督教学会の学会誌『日本の神学』の書評欄でわたしの『キリスト教弁証学』の書評を担当してくれて、わたしの弁証学の中心的な部分にエルンスト・トレルチの影響を見ることができるといったことを書いていますが、わたし自身その事実は否定できないだろうと思っています。

『キリスト教弁証学』が原稿として完成したのは、二〇一六年二月末でした。それから『キリスト教教義学』の執筆に取り掛かるには一瞬の逡巡がありました。このことについては『キリスト教教義学（上）』のあとがきに記したことです。しかしいずれにせよ二〇一六年三月から二〇二〇年九月頃まで、わたしは教義学の執筆に取り掛かりました。それから見直しをし、それも事情があって、急がされる思いの中で切り上げ、『キリスト教教義学』が脱稿したのは二〇二一年一月でした。したがって『キリスト教教義学』は、わたしの七二歳から七七歳までの著述になりました。その間、ほぼ五年間、わたしはこれに集中しました。他の著作を同時並行的に準備することはしませんでした。同時並行的に準備されていたのは、ただ同一の教義学の他の部や他の章だけでした。そういう打ち込み方は、博士論文の二、三年間と同じでした。他の場合は常に同時並行的に別の著作の準備がありました。わたしのコンピュータのデスクトップには他の著作のフォルダが並行的に挙げられています。しかしあの五年間はそうでなく、説教の準備を除いて、全力集中で教義学に明け暮れました。

『キリスト教教義学』は、それまでの準備を持ちながら、七〇代の教義学として遂行されました。『啓示と三位一体』『贖罪論とその周辺』『救済史と終末論』の三部作も、また『キリスト教教義学』『キリスト教倫理学』『キリスト教弁証学』の三部作としての組織神学も、わたしの場合、六〇代と七〇代の仕事になりました。もう少し早めに進められたら、その方がよかったと思うことはあります。しかし実際には、そうはいきませんでした。いつ頃、何と取り組み、何を書くかということは、個人の思いを越えるところもあり、またその個人を囲む環境を含めて、結局は伝統の問題であると思います。最も良い時に最も貴重な問題と取り組む。そこにその学問の伝統の力が示されるでしょう。そうしたことも含めて、伝統の形成と将来に期待するほかはないでしょう。

『キリスト教教義学』（上下巻）において書いておきたいと思ったことは、いくつかあります。「歴史的啓示」からの神認識により、バルトともまたパネンベルクとも異なる教義学の出発を考え、救済史的な終末論的出来事としてイエスの出来事を理解すること。その上で三位一体の神を認識するが、キリストと聖霊との不可分な共同性を理解すること。神論の中では「神の聖なる意志決定」を重視し、神の意志決定なしに神の本質から行為へと流出するわけではないことを語ること。創造においては「人間」と共に「世界」の創造を無視しないこと。教義学は人類と共に世界の理解を含んでいることを語らなくてはならないこと。実存論的にせよ、あるいは言葉を重視する立場からにせよ、akosmism はキリスト教的とは言いがたいこと。悪の起源という難問にも取り組むこと。しかし強調された悪魔論を展開することはしないこと。せいぜい低次の悪魔論（それをわたしはロウ・サタノロジーと呼んだ）で十分であること。イスラエル論は大々的にではなく、ある限度の中で論じる必要があること。キリスト論を論じるに当たっては地上のイエスの人間主体を軽視してはならないこと。イエスがキリストであり、御子である神であることは神的な秘義であるが、この人が御子における神であり、この神の御子がこの人である、そのいわば神人の一致、位格的一致を欠如してキリスト教であることはできないこと。地上のイエスの人間主体を軽視することは、また、原理と人格の分離に至るのと同様の結果になること。原理と人格の分離のままでは、たとえ宗教哲学としてはあり得ても、神学、とりわけ教義学ではあり得ないこと。教会論については、従来の教会論では多くの場合、伝道の不可欠性が曖昧でした。教会論は語られても世界伝道は語られない教義学がほとんどでした。あるいは神の国との対応において教会論を立てるべきか、それとも伝道論を立てるべきなのかと問うてもよいと思われました。

そうしたいくつかの思いが『キリスト教教義学』の中で結合されました。その他、救済論にも終末論にも新しい苦心が必要だと考えました。「神の世界統治」を教会論、救済論に並べて展開することが重要だとも思われました。これなしには現在の教会の世界政策は、教義学的な拠点を欠くことになるでしょう。多くの教義学が見せてきた世界問題に手出しのできない、あるいは手出しをしない教会内的、あるいは教会主義的な閉じ籠りは、真の教会の姿ではないし、教義学の大きな欠陥であると思われました。それでは、天と地の創造者、完成者に応答しないし、キリストの苦難と勝利にも相応しくないと思われました。終末論もまた単なる個人的な実存の終末論だけでなく、世界の終末論であり、宇宙の終末論であるでしょう。その学的な展開は極めて困難なことは言うまでもありません。しかし神学は、人間にとって困難なことが神にとっていかに容易であるかを知って、讃美し、挑戦するのではないでしょうか。讃美は挑戦を励ますでしょう。

七〇代に出版した説教集としては、『人を生かす神の息』（二〇一四年）とガラテヤの信徒への手紙の講解説教『十字架のキリスト以外に福音はない』（二〇一七年）があります。それに列王記上一七章以下とエレミヤ書の講解説教である『死のただ中にある命』（二〇一九年）が続きました（いずれも教文館）。この最後の説教集を何人かの人に贈呈したところ、井ノ川勝牧師から、若き時、わたしのエリヤ物語の説教を聞いたのが献身のきっかけになったという丁寧な葉書を受け取りました。それは留学から帰国して間もなくの、わたしの三〇代の夏の説教のことを指していました。

以上が「わたしの神学六十年」の歩みの概略です。途中どこかで大きな変化を経験したということはありません。大きな変化は若き時に受け取った神の召しにありました。あとはむしろ徐々に前進、あるいは前進と後退を重ね、関心の移動を経験し、次第に教義学の課題認識を強くするようになったと言ってよいだろうと思います。そして各書を語り、書きながら、導かれたと思われます。特に『キリスト教教義学』を書きながら教義学的に導かれました。

今後のことを語ることはできません。ただ余力があまりないのを感じます。東京神学大学の学長を退き、名誉教授とされたとき、わたしは第一次の退職期を迎えました。その後、わたしは二〇二〇年秋に『キリスト教教義学』の最終部分を執筆しながら体調不良を起こし、不調は二か月間ほど続きました。それで第二次退職期が来ていることを実感し、一〇年間にわたる国際基督教大学の理事や二〇年以上に及んだ東洋英和女学院の評議員を辞任しました。妻の健康が肺腺癌のために不調をきたし、二人とも高齢になった人生の一つの区切りのようなものを経験しました。それで二〇二二年一月に『キリスト教教義学』の原稿をあわただしく出版社に渡すことにもなりました。同じく、一〇年近く務めてきた「公益法人日本キリスト教文化協会」の理事長も辞し、「日本基督教学会」の理事長も任期とともに退きました。

日本基督教学会については、佐藤敏夫先生が理事長になられた時、学会本部を東京神学大学に置き、わたしは専務理事の責任を負いました。森田雄三郎氏に学会誌『日本の神学』の編集長になってもらい、身近な方たちに助けられて、学会運営に携わりました。五〇代後半の頃でした。学会が実りあるものになるには、多少の専門的関心の差を持ちながら、研究者相互の間に友好関係があることが重要ですが、一九七〇年代の日本に起きた全共闘や大学紛争による分裂は、長く学会活動を阻害し続けたと思われます。今、ようやくその世代が全般的に退いて、新しい出発の時期に再会していますが、しかし同じく深刻な課題、研究者会員の減少という危機に直面しています。

二〇二二年九月の日本基督教学会学術大会はコロナ感染の危険の中で、オンラインの形で行われました。もう三年の間、この形が続いたわけです。このオンラインでの大会での挨拶が、理事長としての最後の仕事になりました。わたしは日本基督教学会が少しずつ会員を少なくしている現実は受け入れなければならないと思いつつ、挨拶では一つの期待を語りました。それは日本基督教学会において「キリスト教研究」が続行するとともに、「神学的な思惟」の遂行が図られるようにとの期待でした。もちろん学会の背後にあるのは教会ではなく大学であり、そこに「キリスト教研究」は場所を持ち得ます。宗教哲学も場所を持つでしょう。しかし一般に大学は、神学遂行の基盤としては異質ですから、「神学なきキリスト教研究」「神学なき宗教哲学」に継続的に誘われるでしょう。しかし「キリスト教研究」が本当に意味を持つのは、そこに神学的な理由や根拠があってのことに違いありません。そうわたしは思ってきたし、思っています。

説教の奉仕については、この二、三年、エフェソの信徒への手紙の講解説教を月一度ずつ行ってきました。このことは教義学を書くうえでも影響を与えてきたように思います。間もなく、その出版を考えなければならないでしょう。いつまで説教に用いられ、またその任に耐え得るかという問題もありますが、今後ともなし得るかぎりは続行したいし、続行すべきであると思っています。説教し、神学するために召されたと受け止めて、主の召しに従う。それが「わたしの神学六十年」であったと言うほかはないでしょう。

Ⅱ　自著『キリスト教教義学』を語る

自著『キリスト教教義学』（上下巻、教文館、二〇二一―二〇二二年）を語ることで、牧師・伝道者としての皆さんの研修に対して益になり、伝道と教会形成の奉仕の方向づけや励ましに多少とも寄与することができれば、大変、幸いなことと思います。

「教義学」という著作は、一般に教会のため、そして信徒たちのためでもありますが、特に牧師・教師を念頭に置いて著述されるものです。わたしの『キリスト教教義学』も同様で、具体的に日本のプロテスタント教会を念頭に置き、そのうえで世界のキリスト教会のためとも考えてきました。なかでも特に牧師・伝道者のためという意識があって、それにはいったいなぜ自分が牧師・伝道者であるのか、そして神学する者であるのか、その目的や理由、そして使命を明らかにして、牧師・伝道者とは何か、何にどう仕えるかを鮮明にしたいという気持ちがありました。教義学は常に伝道者・牧師としての働きの理由や使命を書くことになると言ってもよいと思います。他方では現代の文化世界にあって学問としての神学を志し、学問意識をもってキリスト教の研究に励む人々もあり、そうした人々を相手にするという面もなければなりませんが、それが最も重要な面だとはわたしは思ってきませんでした。伝道者・牧師のために書くことをとおして教会のために書くというのが、執筆の動機の最優先をなしてきました。

『キリスト教教義学』の執筆は、二〇一六年に『キリスト教弁証学』を書き終えたときから始まりました。弁証学を書き終えたとき、短期間、わたしには一種の高揚感がありました。日本にあって初めて学問的に整った仕方で全体としての弁証学を書いたという気持ちでした。これはその前の『キリスト教倫理学』(二〇〇九年)のときにはなかったものです。倫理学は多くの人が取り組み、類書も多いという気持ちでした。しかし『キリスト教弁証学』では、本邦初演の意識が強くありました。しかし今、『キリスト教教義学』の出版に及んで、弁証学のときとは違う、ともかくもやるべきことをやったといった気持ち、完成度の点では多々問題があると思うのですが、それでもやるべきことをやったという気持ちでいます。『教義学』は日本においてもすでに幾多の先人による試みがあります。わたしもその方々の試みに連なったわけです。佐藤敏夫『キリスト教神学概論』から二五年経ち、とりわけ熊野義孝『教義学』(全三巻)から五七年を経た企てであると言えるかもしれないと僭越ながら思っています。

『キリスト教教義学』の執筆に費やした時間はほぼ五年間でした。しかしこの中には、これに先立つ『啓示と三位一体』(二〇〇七年)、『贖罪論とその周辺』(二〇一四年)、『救済史と終末論』(二〇一六年)の三部作が凝縮した形で採用されておりますので、六〇歳からの一五年間を費やしたとも言うことができます。さらに言いますと、わたしの最初の著作『現代神学との対話』(一九八五年）以来の三六年間、さらにそれ以前も含めて神学と共に歩んだ最初からの六〇年間が背後にあるとも言えるのではないかと思っています。以下、いくつか教義学として記した中から特徴として意識している諸点を挙げてみたいと思います。

1 福音主義教会の立場

神学は信仰者としての実存をかけた神学的思惟の遂行であり、牧師・伝道者の根本である教会的実存がその基盤を形成しています。伝道者・牧師がよって立つ歴史的教会の命運が関わっていると言ってもよいでしょう。その意味でわたしは「福音主義教会」の立場を認識しなければなりませんでした。自著『キリスト教教義学』の営みは「福音主義教会の教義学」であることを意志したものです。その際「福音主義」は歴史的、所与的な背景を指しますが、同時に探究的、課題的な概念でもあります。わたしたちは「福音主義教会」の中にあり、その生を背景とし基盤としながら、さらにより真実な意味での「福音主義的教会」のあり方、その存在と生と活動とを探究しています。

「福音主義」とはいかなる意味でしょうか。通常、福音主義はローマ・カトリック教会と区別されたプロテスタント教会を意味します。これは言うなら、カトリックではないという否定による定義であって、「福音主義」の特質を積極的に語っているわけではありません。これに対し福音主義の第二の意味は、福音主義とは「宗教改革の精神」あるいは「宗教改革の信仰」や「宗教改革の本質とその神学」を意味するという場合もあります。これは所与的な福音主義を表す概念ですが、同時にさらに一層理想的、かつ課題的な福音主義を探究する概念でもあります。カール・バルトが福音主義を言うときには、これに近いと思われます。この場合、「新プロテスタンティズム」や「敬虔主義」、それに「自由主義神学」などは、福音主義から削ぎ落とされます。日本で言いますと、熊野義孝はこの意味での「福音主義」を語りました。このため彼の言う福音主義と日本の歴史的な福音主義的教会とはいささかの距離を持ち、両者の接続を図るならばかなりの苦労をしなければならなかったでしょう。熊野は「福音主義」と「公同教会」の接続や連続を問うて、福音主義は公同教会を「醇呼とした仕方」で継承すると語りました。それは「宗教改革の精神」を語ったもので、それと日本の教会とがどう連続するかという問いにはかなりの懸隔があり、熊野は概念的にこの問題に労苦することを回避したと思われます。

「福音主義」の第三の意味は、一八世紀の敬虔主義的信仰復興運動の意味での福音主義で、それなりに福音主義の長所と短所を合わせ持ったものです。植村正久はこの意味で福音主義の用語を用い、日本の教会の歴史的な位置もその中で認識し、それゆえの課題も認識しました。

わたしは福音主義をこの第三の意味で、さらにそれ以前の敬虔主義的な運動、特にピューリタニズムを加えて、ヴェーバーやトレルチが「禁欲的プロテスタンティズム」と呼んだ流れを重視し、総括的に「西方教会の第三形態」（第一形態はカトリック教会、第二形態は宗教改革のルター派教会や改革派教会ならびにイングランド教会などで、それらと区別された第三形態）として、「自由教会」の形態によって倫理的特徴を持った福音主義教会を概念化しようと考えました。ここに自己の実存の位置があるとも考えています。この点はヨーロッパの神学の大部分と神学的実存の認識において違いのあるところです。ヨーロッパのプロテスタント神学の大部分は、第二形態を自明として考えているからです。この背景や基盤の相違は、現代という「救済史的中間時」における教会の使命として伝道を考える際にも、また神の世界統治を理解する上でも重要な意味を持ってくると思われます。この第三形態の中で、ヨーロッパの神学で忘れられたピューリタニズムの再評価といったことも意味を持ってきます。

2　バプテスマへの注目

カール・バルトは『教会教義学』の冒頭部分で、福音主義教会を「説教の教会」と呼び、「神の言葉の神学」の特徴と結びつけました。しかもその「説教」の主張は、聖礼典と「二車線」をなす意味で並列的に並んだ説教ではなく、「説教を伴う聖礼典」の並存を承認するものではありませんでした。承認したのはもっぱら「聖礼典を伴う説教」のみで、彼はこの意味での「説教」を軸にした教義学を主張しました。わたしはこの説教と聖礼典の関係の捉え方、説教を一方的に重視したバルトの主張に賛成できません。なぜなら誰でも説教を聞き、あるいは説教を理解することによってキリストのもの、あるいは神の子とされたわけではなく、バプテスマを受けることによって、キリストの十字架の贖いにあずかり、キリストの体の一部にされるからです。説教はきわめて重大ですが、説教が教会のすべてを造っているわけではなく、また基盤を形成しているわけでもありません。バプテスマが教会の基盤を形成しています。この点を認識し、伝道者・牧師は「バプテスマの神学」を考えていかなければならないと思っています。よく言われることですが、説教は「見えない神の言葉」、聖礼典は「見える神の言葉」という言い方も正しいとは思われません。その言い方は、初めから説教も聖礼典も「神の言葉」のカテゴリーに入れて語っているからです。説教と聖礼典は同一の主イエス・キリストの臨在を伝え、同一の神の救済行為にあずかります。そのようにして同一のキリストを伝えますが、その伝え方、また救済行為へのあずかり方は異なります。

このことはまた、主イエスは神の国の福音をただ説教しただけでなく、自らバプテスマを受け、バプテスマと関連づけながら十字架にかけられて死んだこと、そして復活者としてバプテスマを施すように命じたことを重視します。キリスト者が受けたバプテスマの一回性は、キリストの十字架の死の一回性に関連しており、バプテスマがキリスト者の人生に一回的なのは、キリストの十字架の死が救済史において一回的であることに根拠を持っています。この意味ではキリストの十字架の死は、「包括的なバプテスマ」と言い得るでしょう。キリストの十字架の死はGeneraltaufe（包括的な洗礼）であるというクルマンの主張がありますが、それは賛成し得るものです。

またイエス・キリストは、最後の晩餐を意志的に残し、それを御自分の死と結びつける仕方で残されました。キリストはまた、罪人たちと神の国の会食をしました。キリスト教教義学は、説教と共に聖礼典の意味を探究し、理解し、それを実践することを励まさなければならないでしょう。

キリストの十字架の苦難と死とは、「復活者キリスト」によって現在化されます。復活者キリストの現在によって、キリストの苦難と死の包括性に基づくその現在化ないし現在との同時性がもたらされます。この主張を、わたしは自著『キリスト教教義学』の中で十分適切に主張し得たかどうか、確信はありません。これは『キリスト教教義学』出版後の今、わたしの神学的主題の一つになっています。キリスト者はみなバプテスマを受けることによって、キリストの十字架の苦難と死の中に入れられます。このことは、主の十字架の苦難と死の「包括性」を意味するでしょう。わたしたちの罪とそれゆえの苦しみ、そして不正や悪の問題を、イエス・キリストは御自分の十字架の苦難と死によって負われ、その中に取り込まれました。その効力は終末論的なもので、世の終わりに至るまでのあらゆる罪とそれゆえの苦難や死に対して効力を発揮します。キリストの十字架の出来事における神の救済活動にあずかることは、キリストと共なる死の中へと入れられ、キリストの苦しみに「あずかる」（コイノニア）ことを含みます。キリストの中に入れられ、その体の一部にされるとも表現されます。キリストの苦難と死のこの終末論的で包括的な意味の理解、それがわたしたちの苦難と死を取り込むという理解は、さまざまな「神義論的な問い」に対する解答をも含んでいると言い得るでしょう。

聖礼典を「見える神の言葉」と言うのは、「神の言葉」を拡大して解釈することですが、同時に「神の事実」や「神の歴史」を縮小することになります。わたしたちは神の言葉の重大さを思うとともに、すべてを神の言葉に帰す誤りは正さなければならないでしょう。「神の言葉の神学」と「神の歴史の神学」との相補性を受け止めたいと思います。宗教改革の時代で言えば「神の言葉」には、「歴史的事実の信仰」（fides historica）が前提されていました。

「神の言葉の神学」は、バルトやブルトマンに先立って、マルティン・ケーラーに発すると言われますが、「神の言葉の神学」の時代背景を考え、時代性を考えるべきとも思います。バルトは「神の言葉」の三様態を言いましたが、現実には「神御自身である言葉」、「神は語ったとしての言葉としての啓示」、それに「聖書」と「教会の宣教」の四つの「神の言葉」を言いました。しかし「神御自身である言葉」は御子なる神であっても、御父と聖霊も神の言葉に収斂することはできません。啓示は歴史的啓示であり、歴史における神の救済活動にあるのであって、それを「神は語った」として「受肉」に集約したのは、かなりの程度、抽象化ではないでしょうか。「十字架の言葉」は、十字架を運ぶのであって、十字架を言葉に解消するわけではないでしょう。キリスト教信仰には証言の言葉があるだけでなく、バプテスマや主の晩餐があり、これをも「言葉」として「証言」、あるいは認識論的な働きとしか受け取らないのは、神の業としての聖礼典を無視する見方で、神の業の秘義を解消する一種の世俗化ではないでしょうか。

3　伝道の意味と位置

それにしてもカール・バルトの『教会教義学』(全一三巻)は、二〇世紀の最有力な神学の展開を提示したもので、さまざまな問題の極めて意味深い指摘に満ちています。その一つとして宗教改革以来のプロテスタント神学における「伝道の欠如」を指摘したことも含まれます。この点は教会自体がその使命を忘れて「聖なるエゴイズム」(バルトが語ったこの言葉は厳密な意味で神学的な概念ではありません。「聖」という神の本質を語る用語はエゴイズムとは正反対のものだからです)に陥っていたと指摘し、バルトは大々的にプロテスタント教会を批判しました。そこでバルトはその『和解論』の中で預言者キリストによって「証しする方」を語り、救済論の中で「召命」を語りました。主のものとして召命されていないキリスト者はいません。それをバルトは「奉仕」へと召されていると語り、奉仕の中に「伝道」(Mission)があるという仕方で伝道を語りました。しかしその語り方は、必ずしも適切であったとはわたしには思われません。なぜなら、神の救いの御業はバルトによると、キリストにある和解として和解論の第一部と第二部においてすでに存在論的に完成されたものとして語られ、原理的にすべての人はすでにキリスト者にされていると見なしたからです。

バルトにとって残された課題は、ただそれが認識されることだけでした。しかもそれを知らしめる働きもまた、真に証しする方である「預言者キリスト」が全うしており、伝道する人間はただ「余分なもの」としてそこにいるだけであるとされました。伝道する者を、カトリックの礼拝で香の入った瓶を振る、多くは子供たちが務めるミニストラントという、あってもなくてもよい役割になぞらたのは、何と言ってもやりすぎです。まるで伝道のために迫害を受け、殉教することなど無意味であるかのようです。伝道は、バルトによって再発見されたと同時に、そのキリスト論によって存在論的にも認識論的にもほとんど解消されたことになります。これはバルトの伝道理解が持っている誤りであり、そうなったのは救済をキリスト論的に、しかも存在論的に理解し、救済史的に理解しなかったからだと思われます。キリスト論的に思惟したバルトは、的確な意味で救済史的に思惟してはいません。救済史もまたキリスト論によって解消されているように思われます。その結果、バルトは伝道する人間の位置を不可欠なものとして理解しませんでした。また人間とその働きの位置を適切に理解することもしませんでした。彼のキリスト論的集中の神学が人間を「伝道する証人」として主体的に立て、それに位置を与えるものにはなりませんでした。それは、キリスト論と相対的に独立した聖霊の働きを理解しない、カール・バルトの聖霊論のいわば軽い扱いから来た問題とも重なっています。

バルトにおける聖霊の働きは、もっぱらキリストの働きとしてのみ理解され、神の言葉の力として理解されるのがせいぜいでした。バルトは、伝道の救済史的な位置を理解し、和解の務めの意味を捉えることに成功しなかったとともに、和解の務めに働き、伝道する人間を「神の協力者」として立てる聖霊論を明確にすることができませんでした。福音主義の神学においてこの問題はなお課題として残されています。

神は伝道する人間を、御自身のニーズとして求めているわけでないことは言うまでもありません。しかし神は恵みによって伝道に仕える者を召し、そして世に派遣します。しかもその者を「余分なもの」や「なくてよいもの」としてでなく、神の「協力者」として立てます。聖霊の働きは、神の協力者を立て、それを用いて、神の救済の歴史を進行させます。もちろんキリスト教神学は創造と救済と完成において「神人協力説」(Synergismus) を立てはしません。しかし伝道において神は人を協力者として用いるのではないでしょうか。聖書はそのように証言しています。経綸的三位一体はその営みの中に人間の位置を与えながら、しかも内在的三位一体と同一であるという秘義を意味しています。

「主に従う」はヨーロッパの神学においては概して「主にならう」(imitatio Christi) と同一視され、伝統的に聖化論の主題とされてきました。しかし地上の主イエスにあってはそうではなかったはずです。「われに従え」と主イエスが言われたとき、主は人間を弟子とし、御自分のものとして召し、御もとに呼ばれたのです。そしてそれは同時に「人間をとる漁師」として世に遣わすため、神の国の福音を宣教すべく派遣するためでした。主の「召し」は聖化のためである以前に、まそれ以上に、伝道のためでした。主イエス御自身が伝道なさったことを神学はもっと真面目に受け取らなければならないでしょう。

通常、新約学者の影響もあって、異邦人伝道はキリスト復活以後のこととされています。確かに異邦人伝道は原始教会、それもユダヤ人キリスト者よりもヘレニスト・ユダヤ人の業であったと言い得るでしょう。しかしそれは排他的にそうであったわけではありません。主イエスが最初の異邦人伝道者、世界伝道者であったことを教会の信仰と神学はもっと公然と理解し、言い表すべきではないでしょうか。イスラエルの回復のために備えた主イエスは、それによって世界伝道を開始しておられたのです。そのことは事実、主イエスの周囲で異邦人が救いにあずかったことによって明らかです。こうした生前の主イエスとその働きを喪失するのは、概して二〇世紀前半の神学の著しい欠陥の一つではなかったかと思われます。彼らは歴史学の相対主義的結果を畏れて、反歴史学的（アンチヒストリスティシュ）になりすぎ、生前のイエスについて神学的にほとんど語ることができなくなったように見えます。彼らの言う啓示は「歴史的啓示」ではありませんでした。そこに根本問題があります。

バルトの「原歴史」としての受肉は歴史ではなく、さらには歴史と関係する「原歴史」の用語も次第に放棄されていきました。ブルトマンも史的イエスのWasを欠如し、ケリュグマの（宣教された）キリストのみをキリストとしました。ティリッヒの表現主義的にイエスやその十字架を透明化させた「新しい存在」も、「イエスなきキリスト教」へと傾斜していました。啓示が「歴史的啓示」でないから、生前のイエスについて語らなくてよいものにされるわけです。「イエス離れの神学」、極端に言いますと「イエスなき神学」に傾斜したわけで、多くの教義学がその流れにあったのではないかと思うのです。

しかしそんなことがいったい可能なのでしょうか。わたしはそれはあり得ないことと思っています。バルトが繰り返し強調した神の御子に対する人間イエスの「アンヒュポスタシス・エンヒュポスタシス」という主張も危ういものがあると思っています。むしろまことに人であるイエスの、人としての主体性を尊重し、その人なるイエスがそのままに子なる神であることの秘義を思い、歴史のイエスを眼前に見るがごとく仰いで、復活の主との同一性のままに今現在しておられることを信ずるべきでしょう。地上のイエスと復活の主の同一性に基づいて思惟することが、信仰と神学にとって重大な姿勢であると思います。

4 歴史的啓示の主張と歴史のイエス

『キリスト教教義学』はわたしの著書の出版順序で言いますと、『キリスト教倫理学』や『キリスト教弁証学』の後になりました。これは実は事柄の筋道から言うと、逆転と言わなければならないものです。と言いますのは、わたしは倫理学や弁証学によって根拠づけられながら教義学を展開すべきと思っているわけではなく、むしろ逆に教義学を倫理学の根拠とし、弁証学の根拠ともしているつもりだからです。倫理学は教義学に基づいて展開されますし、弁証学はこの教義学を神学としての自己の内的根拠としながら、その教義学を求める外的根拠を叙述する課題として遂行されます。一九世紀のドイツ語圏の自由主義神学であれば、一般倫理学や精神科学が先行し、それに宗教哲学が続いて弁証学を基礎づけ、「キリスト教の本質」の定義を試み、その展開として「信仰論」を叙述しました。そしてその「信仰論」が教義学に取って代わるものでした。つまり精神科学や文化科学、そして宗教哲学があっての神学・信仰論であったわけです。それゆえ一九世紀から二〇世紀初頭にかけて、近代的な学問と文化が「世紀末の風潮」や「西欧の没落」の気運によって、さらには第一次世界大戦によって危機的な崩壊に直面したとき、教義学も信仰論の形態では文化や倫理もろ共に崩壊するほかないものになりました。そうならないためには、教義学が文化的な危機や倫理的な崩壊に耐えて、むしろ文化や倫理を逆に支える力を発揮しなければならず、そうなるためにはもう一度、根本的な深みから抜本的に教義学の再建を図らなければならなかったわけです。神学、とりわけ教義学を再建することは、倫理学や弁証学のためにも回避できない課題になりました。その際、教義学はいったいどこに根拠を持ち得るかという問いが不可欠な問いになります。しかもその根拠は人間学的な意識の地平ではなく、より客観的な事態に求められなければならないでしょう。

周知のように、カール・バルトは、この問題に「神の言葉」、すなわち「神は語った」(deus dixit)という地点から答えようとしました。それはつまり御言葉の受肉という「原歴史」(Urgeschichte)から出発するという表現にもなりました。ブルトマンとその学派は、ケリュグマに対する信仰の決断から思惟するとしました。わたしが自著において明白に表現したかったことの一つ、それも根本的な一事は、神学は「歴史的啓示」から出発するという主張でした。啓示を歴史の中に見るということは、パネンベルクもフォン・ラートの影響を受けながら、『歴史としての啓示』の中で主張したことです。しかしわたしは、パネンベルクのように「全体としての歴史」が啓示であって、その啓示が「歴史の終わり」に見られるとは考えません。そのような考えは、啓示は歴史と言いながら、歴史からの啓示を一種の自然的啓示として主張しているのと同じになります。ただ自然と歴史を入れ替えて、自然一般から神を認識した自然神学に対して、歴史一般から神を認識するとされるだけです。この点を批判したのは、ユルゲン・モルトマン(『希望の神学』に見られます)ですが、その批判は根拠のないものではなかったと思われます。神の啓示は全体としての歴史からではなく、むしろイエス・キリストとその歴史という具体的、特殊的な歴史、イエスという歴史的実存とその言葉、行為、そして彼に起きた十字架と復活の出来事の歴史によって示されます。それが神の比類ない活動であって、そこに神とその御旨と御業が示されているからです。啓示はそのようにして、具体的な「歴史的啓示」として理解されるべきであり、そこから教義学が立てられる道が見出されるべきであると、わたしは考えています。

「歴史的啓示」という啓示概念は、啓示の出来事の認識については歴史的方法による認識、つまり歴史学的事実認識を不可欠的に含みます。歴史の事実にはまた、その事実の文脈から切り離されては理解され得ない固有の意味が含まれます。歴史の事実を歴史的な連続の中から孤立的に切り取ることはできません。その意味ではその前後(古代イスラエル史や初期キリスト教史)も準啓示史として重視されるでしょう。しかしイエス・キリストの出来事はキリストの誕生からその死と復活まで、一定の時の幅を持ちます。つまりその前後の文脈からある意味で区別されるものです。そのようにして認識される「歴史的啓示」の主張は、歴史的な認識という意味での「下からの神学」を含むと言うこともできるでしょう。

初期のパネンベルクは特に「復活」によってイエスの神性認識が可能であるとして「下からのキ

リスト論」を主張しました。しかしこれはわたしには誤りに思われます。死者から復活したからといって、復活した方が神であるという認識は、聖書的伝承の中にあったわけではないからです。また聖書も、ローマの信徒への手紙一章四節の解釈問題を残してですが、そのようには証言していません。イエスの復活も、イエスの人格と、その言葉、行為、出来事の文脈にあって理解されなければならず、誰でもの復活としてでなく、ただ独りイエスの復活として独一的に理解されなければならないでしょう。

歴史のイエスとその出来事における啓示から神を認識する場合、イエスの神性、むしろより正確には「イエスが神である」ことは、どこから認識されるかという問いがあります。この問題をめぐって、イエスの言葉やイエスの洗礼やイエスの自己認識などを重要な鍵と考えるいろいろな試みがなされます。いずれにせよ、歴史的啓示においては「歴史のイエス」が重大な位置を占めます。それを欠いて歴史的啓示は存在しません。

しかしそれにしても、歴史学的方法による下からの神認識が単独的に可能であると考えることは不可能です。近代歴史科学はその本質を無神論に置いているわけではありませんが、しかし神概念を持っているわけでもありません。近代歴史学はしたがって、イエスというお方の生涯とその言葉、行為を認識し、その十字架の出来事と復活と言われる出来事のある面を認識し、イエスというお方の秘義性を認識するでしょう。しかしイエスが神であると言い得る条件を歴史学的方法は知得していません。ですから歴史的方法による下からの神認識は成立不可能で、むしろ歴史的理性批判や歴史的方法の限界を認識し、それを批判することは、避け難いテーマになります。神学的な認識は歴史的な事実認識を伴いながら、「霊的認識」として遂行されるほかはないでしょう。聖霊によらなければ誰もイエスをキリストと信じ、認識することはできないと聖書に証言されているとおりです。しかしそれにしても歴史的啓示からの出発ということは、いきなり神から出発するというのではなく、したがっていきなり信じる信仰から出発しなければならないわけでもありません。歴史のイエスからの出発に伴いながら思惟する道があります。

二〇世紀神学は、すでに言及したように、人間イエスを軽視し、時に無視しました。すでに言いましたように、ブルトマンは史的イエスのDassはあるが、Wasはないと主張し、ティリッヒは表現主義の画材に譬えて、絵画（キリスト）において素材（イエス）は透明化されるべきと考え、十字架をただ啓示の契機をなす媒体的なものの自己否定と見ました。これでは歴史のイエスは消されるべきものとされ、歴史のイエスの具体的な歴史の意味は理解されないでしょう。実際、十字架の意味も適切に理解されたとは言えないでしょう。ギュンター・ヴェンツはティリッヒのこの試みに対して「イエスなきキリスト教」ではないかとの嫌疑をかけました。すでに述べましたように、カール・バルトが「エンヒュポスタシス・アンヒュポスタシス」のキリスト論によってキリストの神性に対し人間イエスの主体性を希薄にしたのも、一九世紀の歴史主義に反発した同様の傾向にあったと言わなければならないでしょう。バルトはこのためイエスが「召命」を受けたことを決して認めようとはしませんでした。彼によるとイエスはキリストとしてもっぱら召命の主体であり、召す方でした。イエス・キリストがもっぱら召す方であって、召しに従うキリストではないとすると、イエス自身の「祈り」の理解も異なってくるのではないでしょうか。イエスは自ら祈るよりは、祈られる対象であることに限定されないでしょうか。それともイエスは召されなかったけれども祈ったと言うのでしょうか。

これに対して、当然、「歴史的啓示」の主張は、歴史のイエスに注目します。歴史のイエスから出発するいわゆる「下からのキリスト論」や「下からの神学」の契機を尊重することになります。それでは歴史的啓示において、下から上への跳躍点、イエスが御子にいます神であるとの認識に向かう跳躍点はどこに見出されるべきでしょうか。わたしはそれをパネンベルクのように復活だけに見る立場を取るつもりはありません。死人からの復活はイエスだけに限定されてはいないからです。終わりの時には多くの人、あるいは万人の死人からの復活が起こると言われます。しかしその復活によって誰も神とはされません。イエスに起きた復活だけに神性の根拠を見るというのであれば、それは復活そのものに根拠があるのでなく、ほかならぬイエスの復活だからということになるでしょう。それは結局、イエスの人格に根拠を見るのと同じことになるのではないでしょうか。そこでむしろイエスの人格とその業、つまりその言葉と行為、そしてそこに起きた出来事としての十字架と復活、その単一的な総体の中に啓示の実在、そしてイエスの神性の根拠、というよりも（神性といった半ば哲学的な用語は主イエスを語るのに適切ではないでしょう）、人間としてのイエスが神であるということも示されると言うべきでしょう。復活のキリスト、つまり復活者キリストは、秘義的な歴史のイエスに隠された実在を表していると言ってよいでしょう。

「歴史的啓示」の強調はかくして「歴史のイエス」への注目を伴います。また現在する復活者キリスト、今、共におられるキリストに注目します。歴史のイエスの実体や内実は、イエス・キリストの同一性の中にあって、アルファであり、オメガです。復活のキリストであり、また現在のキリストです。その方がまた目に見える栄光の姿での再臨のキリストと同一性にあると理解されます。この見方は、当然、歴史のイエスと復活のキリストの同一性に基づいて、生前のイエスと原始教会との間の連続性にも注目します。新約学者の中でも基本的にこの線に立つ人々にわたしは親近性を持つわけです。そうした新約学者としてJ・エレミアス、M・ヘンゲル、P・シュトゥールマッハーなどの名を挙げることができるでしょう。

「歴史のイエス」への注目は、当然、イエスに常に同伴した聖霊への注目になります。その場合、ただ一方的に「キリスト論的な聖霊論」としてだけでなく、同時にまた「聖霊論的なキリスト論」としてもです。歴史のイエスと聖霊への注目は、さらに教会論や伝道理解に関係します。一般に神学的な教会論は、教会の開始をめぐっては原始教会に遡り、それ以上には遡及せず、キリスト復活後の弟子たちの再召集から語ります。つまり教会は復活のキリストによるのであって、生前のイエスによるのではないとされます。現に共観福音書には「教会」という用語は欠けており、その例外としてのマタイによる福音書一六章一八節「わたしはこの岩の上にわたしの教会を建てる」は、歴史のイエスの言葉ではないとされます。しかし原始教会の中核部分には生前のイエスの弟子たちがいました。散り散りになった弟子たちが「再召集」されたわけです。そうであれば、原始教会の根拠や始原は生前のイエス、つまり歴史のイエスによる弟子たちの「召集」にまで遡るでしょう。少なくともそこに基づくことになります。最初の召集がなければ、復活後の再召集はあり得ないからです。そこで教会は、イエスが神の国の到来と結びついてイスラエルの回復を意志して弟子たちを召し、一二弟子を選び、町々に派遣したことに、その開始を持っていることになります。教会はイエスの最初の召集にある自らの開始を無視し、そこから離れるべきではないでしょう。教会を教会であらしめている「イエスの召し」があるからです。

同様のことは、異邦人伝道の開始についても言い得ることです。通常、異邦人伝道は復活のキリストの全権獲得とその復活者からの命令として説明されます。これに対し、歴史のイエスの弟子の召集と派遣の中に、また歴史のイエス御自身による異邦人伝道に注目することができるでしょう。伝道に当たって、主御自身による福音の伝道への招きを理解すべきことはすでに述べました。キリストへの召しは、主御自身の伝道の戦いへの召しであり、その戦いの中で主に従うことの喜びへの召しです。

5　イエスと聖霊――キリスト論と聖霊論の分離できない関係

通常、一九世紀の自由主義神学は「聖霊の神学」であり、それに対し二〇世紀の神学は「キリスト論の神学」が顕著な姿を取ったと言われます。ヘーゲルの哲学は『精神現象学』の名称が示すように、その法哲学も歴史哲学も Geist の哲学でした。ヘーゲルの言う Geist は人間の精神であり、かつ同時に歴史に外化する神的な霊でもありました。またシュライアーマッハーの信仰論は敬虔自己意識を素材として展開され、敬虔自己意識は絶対依存の感情として理解されました。敬虔意識、信仰意識、神意識といったものはまた聖霊との結びつきを強くしていました。他方、キリスト論は、一九世紀では歴史的方法によって認識されたイエス伝研究の対象として、イエスは相対的な歴史現象とされ、イエスという歴史的人格と神やキリスト教思想の真理性は二元論的に引き裂かれ、歴史学と世界観、科学と神秘主義として分離されました。信仰世界は思想として理念化され、信仰対象や信仰内容は有神論的な思想的原理とされました。イエスという歴史的人格とキリスト教思想や真理の理念は分離し、「人格（Person）と原理（Prinzip）の分離」が一九世紀神学に共通の特徴となりました。これは結局、「マコトに神、マコトに人」のキリスト論は学的認識から抜け落ち、神学は一方では歴史研究として「文化科学の一つ」になり、他方では宗教哲学として「神秘的思想」に近くなったと言えるでしょう。「歴史的な人間イエス」と「非歴史的なユニテリアン的有神論」の分離になり、イエスは神をただ啓示する啓示者ではあり得ても、啓示によって啓示される神御自身ではあり得なくなったわけです。

これに対し、二〇世紀の神学では、カール・バルトの「神の言葉の神学」を典型的な代表として、神の言葉であるキリスト、つまりキリストの神性によるキリスト論が立てられました。バルトのキリスト論はその人性をまったく無視したわけではありませんが、人性を「王的人間」として語ることができたのは「異郷に赴く神の子の道」に次いでのことであり、しかも既述の「エンヒュポスタシス・アンヒュポスタシス」の議論が示したように人間イエスの実体が損なわれる可能性を持ちながらのことでした。さらに、このバルトのキリスト論の強調は「フィリオクエ」(聖霊の発出は御父からとともに御子からも)の線上にあり、聖霊は一貫して「キリストの霊」とされました。聖霊それ自体の「位格性」は語られませんでした。バルトの三位一体論は「二位一体」ではないかと批判されるものになりました。実際、ファン・リューラーからコリン・ガントンに至るまで多くの人がこの点を批判しています。

これに対し、歴史のイエスを強調するならば、当然、イエスに対する聖霊の絶えざる同伴が忠実に受け取られなければならないでしょう。神の聖霊は、イエスの誕生に活動的に働き、イエスのバプテスマにおいてイエスに注がれ、「神の愛する子、心に適う者」としてのイエスの自己理解と召命の自覚をもたらしました。イエスの祈りにはもちろん聖霊が常に伴い、イエスの言葉と行為にも聖霊が伴いました。聖霊は悪霊を追い払うイエスに伴って働き、神の国の開始をもたらします。聖霊はまたイエスに対する信仰を起こし、告白や証言をもたらします。したがって聖霊論がキリスト論に常に同伴し、しかも聖霊は一方的にイエス御自身の活動の中に解消されるわけではありません。

イエスと聖霊の不可分離的な同伴があるとともに、イエスの弟子たちや教会もまた聖霊の働きなしにイエス・キリストの人格とその事実を神の啓示として認識することはできません。聖霊は信仰を与える霊であり、信仰の認識を起こす霊です。「聖霊によらなければ、だれも『イエスは主である』とは言えないのです」（Ｉコリ一二・三、Ｉヨハ四・二）と言われるとおりです。なお、『キリスト教教義学』において、歴史的認識と霊的認識のそれぞれの機能や関連についてわたしは分析的に解明したわけではありません。その点は不十分なまま残されています。歴史的かつ霊的な教義学的認識の方法論的な解明はなお将来の課題です。

聖霊は命を与え、生かします（spiritus vivificans）。その意味で「命の霊」です。その命の霊が、神の御旨と御業を知らしめ、そこに参与させます。霊によって知ることと生かされることは引き離されません。聖霊はまた人間の主体性を立てます。人間の中に内住して神に応答させ、神の救済史に人間を参与させます。キリストは人々に代わって代理的独占的に働きますが、聖霊は人々を神の働きとその命に参与させ、協力させます。神は人間の協力を必要とはしておりませんが、しかし人間の協力を無意味化し、排除する方ではなく、人間の協力を意味づけ、それを包括する方です。神は、人間の働きを原理的に排除しなければ、神であることを貫くことのできない方ではありません。むしろ神は、御自身のプレローマによって人間の働きを意味あらしめ、御自身の営みを遂行なさるお方です。このことは救済史における神の働きの理解にとってどうでもよいことではありません。

6　三位一体論について

神はイエス・キリストの存在と出来事による歴史的啓示によって知られます。イエス・キリストは歴史的啓示の事実を担う方ですが、同時にそれによって啓示される方でもあります。したがって、神はイエス・キリストを派遣した神として認識されるとともに、またキリストとして認識され、認識させる方である聖霊もまた神です。

神の御業によって被造物が創造され、救済され、完成されます。ですから、神は創造史をもたらすとも言えなくはありませんが、救済活動において神は典型的に被造物との境界線を踏破することを遂行しました。神の御業は、救済史として創造と救済と完成をもたらします。神の活動は救済の歴史をもって経過的に進行します。創造は七日間の経過をもって描かれましたし、救済とともに終末が約束されました。そのようにして内在的三位一体の神は「神の聖なる意志決定」によって経綸の働き、救済史の働きに踏み出します。経綸的三位一体は、救済史的な三位一体です。カール・バルトには二位一体論的な傾向があったと言いましたが、それとともに救済史がキリスト論に収斂される傾向がありました。キリストが救済史の中に働くより、救済史はキリストの存在に解消される傾向がありました。

しかしこの点で、バルトと典型的に異なる道を歩んだパネンベルクにもまた問題があったように思われます。パネンベルクでは、神は内在的に相互に依存的な神として理解されました。子は御自身が神であることを父と霊に依存し、霊は御自身が神であることを父と子に依存すると主張されました。それだけでなく、父なる神も御自身が神であることを子と聖霊に依存していると言われました。その上でさらに、神が神であることは歴史の結末、神の国の成就に依存するとされました。終わりの時に神の国がまったき仕方で到来することに、神が神であることがかけられていると言います。それで究極的な啓示はすべての終わりにあるという主張とも対応します。しかし歴史の終わりのあり様に神が神であることが賭けられ、歴史の終わりが神を神とするのでは、「歴史の神」とはつまり歴史によって神とされる神、つまり歴史の述語と化した神になると言わなければならないでしょう。パネンベルクの神は三位一体の神の内在関係において依存的な神であるだけでなく、歴史との関係においても歴史に依存した神であるわけです。

これに対しわたしは、三位一体論において、神の単一性を「神性の起源なき起源」としての父なる神のモナルキアから理解する立場を表明しました。御子が永遠の先に父より生まれた方、聖霊が永遠の先に父より発出した方であるように、父なる神は永遠の先に唯一支配（モナルキア）にあられた方です。これによって神が神であることは一切の初めにあることであって、パネンベルクが言うような一切の終わりに神の国の完成という条件が果たされることによって、神は神であると言われる方ではありません。

聖霊について語りますと、聖霊はその働きに解消される方ではなく、働きの主として礼拝され、祈りを受ける神でもあり、聖霊を悲しませてはならないと言われ、「わたしを汚しても霊を汚してはならない」と主イエスから言われる方です。これらの表現は、「聖霊の位格性」、それによって聖霊の主体性・主語性を語ることができるし、語らなければならない方であることを意味しています。聖霊をその働きに還元し、その働きを常に御父かあるいは御子の述語に止めるのは、正しい聖霊理解とは言えないでしょう。

聖霊は被造物のために執り成す方であり、命を与える方、豊かな賜物を与え、さらに活動的になさる方です。聖霊は祈りを可能にしながら、祈りに伴う神です。聖霊は信仰を与え、信仰による人間の主体性を確立し、人間を神の協力者にし、救済史に働く者とする神です。

7　神の自由な意志決定

神の意志決定は、「聖定論」(decreta dei) として改革派神学において重大視されてきました。カール・バルトの場合「神の選びの教説」がそれに当たり、「福音の総計」を語るとさえ言われています。わたしも神の意志決定が教義学の中枢的な位置を占め、神の内在から神の経綸に出ていく転換点をなすと考えています。内在の神が経綸の神と同一であるということからすると、神の意志決定は決定的な結節点を構成します。神の存在と御業を結び、神の内在と経綸、つまりは神と救済史は、これによって区別されると同時にこれによって関連づけられます。神の意志決定によって神と被造世界は区別されるとともに、神の境界線踏破が遂行され、神の対他関係が遂行されます。神の意志決定があることによって、神と世界は区別されるのみでなく、被造物としての世界の創造が可能になります。そうでなければ、神の内と外、神御自身と他の被造物、神と世界とは連続的になり、相互に一体的なものとして理解され、汎神論に陥る傾向に脅かされるでしょう。

内在的三位一体は「神の聖なる意志決定」をとおして経綸的三位一体と同一の三位一体です。また、経綸的三位一体は「神の聖なる意志決定」によって遂行されることで、内在的三位一体と同一です。神の存在はその行為であり、その行為は存在であるとも言い得るでしょう。それにしても「神の聖なる意志決定」が語られることによって、神と世界の境界線が明らかになります。ヘーゲルが語り、パネンベルクが継承したように、もし御子が「他者性の原理」であって、神にとって他なる存在の創造の原理と考えられるならば、神の世界創造は神の本質の発露とされることになるでしょう。つまり、三位一体の内なる御子がもし「他者性の原理」であるならば、神は本質的に他者なしにはいないことになります。被造的世界は神の本質的な流露となり、永遠の他者と永遠に共なる神になるでしょう。そうなると世界は神と共に永遠にあることになり、神は世界なしには神でなくなるでしょう。そうでないためには、神の自由な意志決定が語られなければなりません。神の意志決定によって、自由な神が汎神論や流出論から区別される必要があります。

その際、救済史に働く神は摂理における協働の働きによって語るにせよ、あるいは人間の主体に働く聖霊として語られるにせよ、人間の働きを御自身の中に受容します。これに対し、キリストにおける神の御業の中に存在論的な完成態を見て、さらには神の証言もまた人間の証言を余分と見なす仕方で預言者たるキリストの業と見なすならば、人間は救済史的に余分になるでしょう。そうでなく人間とその働きに構成的な意味が与えられるならば、神の真理は協働によって人間の働きを受け入れるものとなります。しかしそのとき、神の内在の真理は神の経綸の真理と同一であることがどのように可能とされるでしょうか。神の御業は存在と同一であり、同時に神の存在は神の御業と同一です。その同一性の中に人間の働きや救済史の経過が包摂されなければなりません。そのためには神の意志決定に秘義的な質を見出さなければならないでしょう。それが可能になることによって、救済史における教会とキリスト者の伝道が構成的に不可欠な意味を持ち、神の意志決定とその遂行としての人間の伝道という関連が理解されるでしょう。

神の聖なる意志決定なしには、世界なしに神である方が世界の創造に踏み出すことの説明がつきません。キリストの御子性を他者性の原理として創造を理解するのでは、神の本質と被造的世界とが連続性の形で理解されることになり、「永遠の創造」を語ることにもなりかねません。モルトマンがカバラ神秘主義によって「神の自己撤収」を語った問題もこの問題と関係しています。また、パネンベルクが「歴史としての啓示」を語ったとき、歴史の中のあるときでなく、いわば自動的、論理的に歴史の終わりの時の啓示を完成的に語ったのは、神の聖にして自由な意志決定が位置を持たず、それが語られなかったからです。それで、パネンベルクは創造についても神の聖なる意志決定から語らず、御子を御父との区別において「他者性の原理」として語りました。歴史的啓示も、本来、神の自由な意志決定の中に根本的根拠を持つはずですが、それなしに歴史の全体性からの推論という自然神学的な手法に陥ることになったわけです。それに対して神の聖なる意志決定は、神の自由を認識させ、その根拠を認識する理論になります。

8 教義学の構想（九部構成）

キリスト教教義学が忘却してきたものに「伝道」という救済史上の重大テーマがあることはすでに言及しました。この欠陥の背後には教会自体が外部世界への伝道を喪失してきた歴史的経過があることも記しました。伝道と関連を持ちながら、教義学が忘却してきたもう一つのものが「世界」（cosmos）です。信仰と神学は主題である「神」はともかくとして、それに対応する相手をもっぱら人間や魂に限定し、「世界」を忘却しました。教義学における世界の喪失、「世界なき教義学」というAkosmismの事態に陥りました。世界忘却は、宇宙忘却でもあり、また世界史の喪失でもあります。これはまた自然的世界の欠如としても現れます。この経過は、それに先立つ、神学における「神の国の消失」に大きな背景を持つと思われますが、アウグスティヌスの『ソリロキア』にもその一つの機縁が示されました。つまり「神と魂」への信仰と神学の全関心の注入になりました。ただしアウグスティヌス自身は、神と魂だけに信仰と神学の関心を限定されることなく、確かに魂のあり様を根底に置きながらも、『神の国』を書きました。Akosmismが徹底したのはもっと後代のことと言わなければならないでしょう。アブラハム・カイパーによれば、近代の Akosmism は再洗礼派に原因があるとされます。しかしその弊害は、啓蒙主義以後のものと言ってよいでしょう。理神論における世界からの神の退去は、すでにこれを表していますが、さらにカントの批判主義による理論理性の二律背反から、神とその働きは実践理性の妥当領域に要請事項として配分されることになりました。以後、理論理性の認識領域には神の場はなく、神は倫理的領域や道徳的価値領域、あるいはそこでの人間主観のあり様との関係の中に追い込まれ、やがて実存論的決断による信仰的瞬間の事柄にされました。歴史概念が歴史から実存史へと狭められ、神学の地平としての歴史と世界が喪失されたのと同時進行的です。熊野義孝は終末論を世界観と厳しく区別しましたが、神に捉えられた信仰の思惟と世界を客体として観察する観念形成とでは差異は明らかであるとしても、終末論はなにも世界忘却になる必要はなかったでしょう。

二〇世紀後半になって、パネンベルクが「歴史の神学」を表明した際、それまでの一九世紀から二〇世紀にかけての三つの神学の系譜を批判しなければなりませんでした。それは世界史とは別次元に描かれた聖書主義的な救済史の神学（フォン・ホフマンからマルティン・ケーラーに至る系譜）と神の言葉の神学（バルトとその学派）、それに実存論的神学（ブルトマンとその学派）の三つでした。パネンベルクが「歴史の神学」によって神学における歴史や歴史的世界の回復を図ったのはヘーゲル以来の試みになりました。同じようにモルトマンは『希望の神学』において神学における将来の回復を図りました。しかしモルトマンはその後、生態学的神学によって歴史ではなく、自然的環境世界の回復に向かったと言ってよいでしょう。しかしそのモルトマンも歴史については、歴史と終末論の二元論的乖離に留まり、世界の聖化や神の世界統治を正当に扱うことはできませんでした。

わたしが『キリスト教教義学』において基本的な構想としたことは、救済史的な三位一体の神学によって神学における歴史と世界の回復を心がけることでした。このことは特に全体九部の教義学編成の中で、二つの分野で試みたことです。一つは、第四部の贖罪論に先立つ救済史の考察、特に罪と悪と苦難の歴史の考察やイスラエル論を含む考察においてです。もう一つは第八部です。それは「神の世界統治」を扱い、神の世界支配や世界におけるキリストの勝利、それに「キリストの国」という問題や、「教会と国家」を扱いました。この問題関心は教義学における救済論が世界においても展開する、つまりは「世界の更新」や「世界の聖化」に向けて、世界関係における神の統治を論じることになります。これによって教義学は、「キリスト教の世界政策」を根拠づける可能性を持つはずです。成功したかどうかは別にして、意図としては長らく脇に追いやられていた世界の問題を教義学の中に回復することを願いました。

教義学におけるこの問題の忘却は、プロテスタント神学においてこの問題を扱った文献が極めて乏しいことによって明らかです。神の世界統治の問題は、いまだにヴィッサー・トーフトの小さな講演（『キリストの王権』一九四八年、邦訳、菅円吉訳、新教新書、一九六三年）に言及する以外にほとんどないという貧しさに現れています。「世界の聖化」を教義学の主題として扱っている例は、わずかにヘンドリクス・ベルコフを挙げ得るのみです。過去にはアブラハム・カイパーの名講演（『カルヴィニズム』一八九八年、邦訳、鈴木好行訳、聖山社、一九八八年）があったことが思い起こされます。また、宗教改革時代にはマルティン・ブツァーの『キリストの王国』があったことも思い起こされるでしょう。

日本においてもこの問題はまったく欠如したままです。すでに述べたように、熊野義孝は教義学は「世界観」ではないと繰り返し主張しましたが、結果的に世界問題の欠如に至り、akosmistischな神学に留まりました。しかし旧約聖書を見れば、聖書はそれ以前のオリエントの世界観をも取り入れ、それを改変しながら世界の創造と救済史を語り、新約聖書は黙示録的世界観を採用してキリスト教的黙示録とし、世界の完成を語りました。教義学は世界を回復し、世界の聖化や神の世界統治を語り、「教会の世界政策」を基礎づけなければならないでしょう。

9　救済論の基調語としての「神の子とされること」

「救済論」（Soteriology）と言えば、通常は「義認論」で代表されると思われるかもしれません。義認論は「教会がそれによって立ちもし、倒れもする条項」（articulus stantis et cadentis ecclesiae）と言われることもあります。しかしそれはとりわけルター派教会とその神学において言われることであって、改革派教会であれば、カルヴァン『キリスト教綱要』第三巻に示されているように、義認論と共に聖化論（悔い改めや新生を含む）を加え、義認と聖化の二項目による救済論の基本的編成を表現しています。さらにメソディスト派の背景を持った教会であれば、「キリスト者の完全」を主張し、「聖化論」を一段と強調することになるでしょう。さらにプロテスタント諸派を辿ると、敬虔主義や信仰復興運動の影響のある教会であれば、born again が語られ、「再生」が強調されるはずです。同じようにバプテスト派教会では「新生」が強調され、ホーリネス派では「聖化」と共に「再生」が強調されます。

これらの主張は神学史上ではどうだったでしょうか。一九世紀の神学ではシュライアーマッハーは改革派の伝統を背景にしましたが、同時にヘルンフート兄弟団の敬虔主義の影響も継いで、「再生」を強調した救済論を語りました。トレルチの信仰論においても「より高次な生への誕生」という仕方で「再生」もしくは「新生」が救済の総称とされました。カール・バルトは、「義認」と「聖化」に「召命」を加えて、三項目として、三部構成の和解論の中の救済論を同じく三部に展開しました。しかし、それによって神学史的に画期的な救済論が打ち出されたと言うことは必ずしもできるわけではないでしょう。

教義学が「義認」を救済の代表概念にするとして、果たして教会の指導と奉仕においてどれほどの有効性を語ることができるでしょうか。義認を説教するとして、聖書のどの箇所で説教するのでしょうか。義認が記されている聖書箇所は案外に少ないことに気づかされます。「義認」が救済の用語として使用されるのは、ただパウロによってのみであり、しかもローマの信徒への手紙とガラテヤの信徒への手紙においてだけです。そのほかにはせいぜいフィリピの信徒への手紙の一か所に出てくるだけです。ヨハネにも共観福音書にもヘブライ人の手紙にも「義」の語が使用されるのはきわめて限定的で、義認の箇所とされ得るところはないでしょう。「義とされる」という表現は、他にはルカによる福音書一八章一四節と使徒言行録一三章三九節などに限定されます。他方、聖書の証言による救いと言えば、イエス・キリストにおいて、特にその十字架の苦難と死における神の救済活動によって与えられた救済であって、実に多彩な用語や表現によって記されています。義認と聖化による救済の把握は、ややもすると聖書の中の救いの豊富な表現から隔たるものになる恐れがあります。教義学が聖書から乖離することによって、教義学と説教の断絶現象が生じる恐れもあるでしょう。

救いは、キリストにおける神の活動によって与えられ、聖霊によって獲得される救いを意味します。それが多彩な表現で語られるとしても、その多彩性は、決してばらばらであるはずはありません。神は唯一の神であり、主は一つ、聖霊は一つ、したがってイエス・キリストにおける神の救済活動は一つ、救済もまた一つです。聖霊によるその獲得内容も一つの救済であって、それが極めて豊かに、満ち満ちた恵みの充満として多様な用語や多彩な表象によって証言されます。聖書には多様性に富んだ記述が見られ、諸教会はそれぞれの強調をもって救済論を表現したわけです。

しかし単一の救済は単一の救済として明示されながら、そのうえで救済の多面性や多彩性が証言されるのが正当な道でしょう。その単一の表現が統合的、包括的であれば、それはまた教会史的にエキュメニカルな志向を表現することもできると思われます。福音主義教会の教義学が、教会の教派的分裂をそのままに放置できるはずはありません。主にあって、また聖霊にあって一つの教会の統合的な救済論が求められ、それが聖書の多彩な証言に従い、諸教会の多彩な伝統を一つの教会的生に包括的に統合できることは願わしいことです。そうした救済論の展開を求め、その表現を探求し、それを培う必要があります。そのためには救済論の「基調語」を義認と聖化を越えて、それらを包括しつつ探求しなければならないでしょう。しかもその「基調語」のもとで、聖書と教会史の多彩性は少しも損なわれないことを明らかにしなければならないと思われます。

上記のような聖書と教会史の観点から統合的、包括的な救済論の基調語の探求の成果として挙げられるのは、「神の子とされること」と「再生」という用語です。これらの基調語のもと、聖書が語る救済の諸表現、すなわち義認、聖化、召命、照明、派遣、回心、悔い改め、和解、栄化などが、それぞれの不可欠性において位置を持ち、全体として統合されて一つなる救済を表現することが願わしいことです。

「救い」とはキリストにあって「神の子とされること」(ヒュイオセシア)です。キリスト者たちは救いに入れられた者として当初「聖なる者たち」と呼ばれました。それは「神の子とされた」からであり、神の子とされた者が「聖なる者」たち、そして後の表現で言うと「キリストのものとされた人びと」つまり「キリスト者」でした。「神の子とされる」という用語は、パウロもヨハネも共観福音書も使用しています。これに対し「再生」は既述したように敬虔主義によって重視され、福音主義的自由教会においてその救済論的契機が重視されてきました。しかしいまこの時代、二一世紀において、教会は神の救済を神の命にあずかって、魂のことのみならず、心身全体にわたって新しく生かされることとして改めて理解する必要があります。キリストにある救済は観念的で内面主義的なものでなく、ただ魂のことだけでもないでしょう。そうでなく、神の救済は、身も心も含めて全体としての人間が生き返らされることです。神の救いは命を与える救いです。神は生ける神であり、キリストは真理と道であるとともに命であり、聖霊は命を与える霊です。キリストの救いは人々を神の命にあずからせ、永遠の命に生かします。このことを主キリストにある救済として、力強く語るべきと思われます。

二〇世紀と二一世紀は、繰り返し襲う戦争と頻発する自然災害によって「死の谷」を潜らなければならない「死の世紀」とも言うべきでしょう。おびただしくさまざまな死の危険が常態化した世紀とも言えるでしょう。それだけに、死ではなく命の勝利が神の救いであることを、キリスト教信仰と神学は明確に証言すべきであり、教義学はそのために仕えて戦う教会の学でなければならないでしょう。

救済論において「神の子とされること」を重視しているのは、パネンベルクも同様です。わたしとしては『信徒のための神学入門』(一九九四年、そのもとは一九八七年の連続講演)において三五年前に言及して以来、自分の中に継続してきたテーマです。

10　教会と国家と神の国

キリスト教教義学は、「教会と国家」の問題をどう語ってきたでしょうか。旧約聖書はイスラエルと諸国民の関係を語り、預言者は特にイスラエルの道の上で神の支配に対する王の背きを糾弾しました。新約聖書が「皇帝のものは皇帝に、神のものは神に帰せ」というイエスの言葉を伝え、メシアによる神の統治を「政治以上の政治」として語ってきたのは明かです。パウロがローマ帝国の世界支配のもとにあって「人は皆、上に立つ権威に従うべきです」（ロマ一三・一）と語ったのは、教会とその異邦人伝道の推進のために、ローマ帝国に対する一種の外交的配慮をもって記述したと思われます。それでもパウロは同時にすべての政治的権威を限界づけることをせずにはおれませんでした。「神に由来しない権威はなく、今ある権威はすべて神によって立てられたものだからである」と記されているのはそのためです。教会と国家の関わりは、アウグスティヌス『神の国』の中に含まれたテーマでもありました。しかしながらこの問題は、常に教義学の中で失われてはならないテーマとして保持され続けたわけではありません。教義学から外され、かろうじて「キリスト教倫理学」の中で扱われてきました。それにしても倫理学において具体的に扱うためには、教義学におけるこの問題の位置が明かにされるべきではないでしょうか。

「教会と国家」の扱いは、東方教会においてはビザンチン帝国以来の「皇帝教皇主義」によって長く禍いを受けてきました。東方教会はそれ以来、この問題のイスラエル的・預言者的な伝統を活かすことができず、教会は国家とその権力に対する預言者的批判から離れ、権力分散の主張も、抵抗権も知らないままに現代に来ました。古代教会の教会会議が、帝国の皇帝による召集でなければならなかったことは、明かに時代的な制約のもとにありました。ニカイア信条が「その支配は終わることがない」と告白した「キリストの支配」は、政治以上としても、ただただ非政治的と言うのではないでしょう。東方教会がこれをどう受け取ってきたかは深刻に吟味されるべきです。

他方、ローマ・カトリック教会は、教権と帝権のコルプス・クリスチアヌム内部のバランスを基本にしてきたように思われます。教皇の権威の主張は、皇帝による会議の支配よりはまだましかもしれません。しかし教皇による会議の支配も問題的です。これらによっては現代の国家論や異教的地域での国家問題に対応することはできないでしょう。それゆえこの問題は、キリスト教会と神学にとって長年にわたる弱点を形成してきたと言わなければならないでしょう。

ルター派教会が果たしてこの問題で、ルターの「二国説」によって規定されてきたのかどうか、議論のあるところでしょう。カール・バルトによるルター派教会の国家論に対する批判以来、「二国説」がルター派教会の国家論と見なされてきました。しかし「二国説」は、その起源においてコルプス・クリスチアヌムの末期における宗教改革期の状況を背景にしたもので、近・現代の現実に即応するものではないでしょう。

この文脈で言うと、カール・バルトのキリスト論的方法による教会と国家の同心円的な解釈も、きわめてヨーロッパ的であって、国家や社会におけるキリスト教的権威に対する尊重が残余する限りにおいて妥当性を主張し得るのみであり、世界の多くの部分である非キリスト教的地域、異教的地域において妥当する理論ではありません。それはまた禁欲的プロテスタンティズムの倫理、特にピューリタニズムや新カルヴィニズムが持ってきたこの問題に関する長所を継承するものになっておりません。バルトのキリスト論的同心円といった理解は、歴史的な趨勢である立憲主義国家やデモクラシー国家との積極的な関係に立つものでもないわけです。

さらに言えば、ティリッヒに見られ、モルトマンが晩年にあらためて再認識した「宗教的社会主義」なども、国家と教会のキリスト教的理解とその歴史を継承するものではないでしょう。宗教的社会主義は、むしろ国家と教会のキリスト教的理解が、教会にも神学にも欠如したことに対する批判的現象であったと言うべきでしょう。

それらよりも、この問題をめぐっては、むしろピューリタニズムの影響を受けた「禁欲的プロテスタンティズム」の中に「自由な国家と自由な社会における自由な教会」の主張があります。西方教会の第三形態としての福音主義の中に、「抵抗権」や「基本的人権」、「教会と国家の分離」、「宗教的寛容」、「デモクラシーの社会と国家」といった諸価値に対する親和性が見出されるでしょう。したがって西方教会の第三形態としての福音主義教会を背景や基盤とした教義学において、キリスト教の世界政策を支える国家と教会の教義学、そして神の国の教義学が展開されることが期待されます。教義学が「キリスト教の世界政策」の基盤をなし、その進路を方向づける力量を保持することが願わしいことです。これが欠如するとき、教義学における世界の喪失が起こり、Akosmism に帰着することはすでに語りました。キリスト教教義学は、「自由な国家と自由な社会における自由な教会」の意味、そしてその可能性と現実性を預言者から主イエス、原始教会から、アウグスティヌス、西方教会、新カルヴィニズムとピューリタニズム、そして西方教会の第三形態の系譜にあって提示しなければならないでしょう。

教会と国家の問題をめぐりながら、両者と神の国との関係をどう理解するかという重大な問題があります。ヘーゲルは社会を「欲望の体系」と見なし、むしろ国家の方を客観的精神の実現の最終段階として理解しました。このヘーゲル主義的な系譜を二〇世紀の神学において表したのは、パネンベルクでした。彼は、当初、神の国は国家において完成すると見なし、教会は終末論的に消失すると考えました。ただし彼は、最終的にはその立場を変更し、教会は神の国に「止揚される」と修正しました。「止揚」はヘーゲルの弁証法の用語としては、全くの否定や断絶でなく、対立契機を克服して完成されるものです。パネンベルクの中に国家主義的な神の国理解の線上にあって、教会と神の国の関係を回復しようとする修正がなされたと見て取れます。

しかしこの問題をめぐっては、むしろアウグスティヌス『神の国』の中にキリスト教会と神学の基本的な立場が表現されていると言うべきでしょう。アウグスティヌスはローマ帝国の異教性となお残る国家の迫害の中で『神の国』を叙述し、教会の位置を語りました。彼は決して神の国と教会を単純に同一視はしなかったのですが、神の国の到来に備えるのは教会であって国家でないことは明言しました。「地上の都」すなわち地上の王国が、神を憎むまでに自己愛的な集団であることは彼には明らかでした。教会こそが、神の国のまったき到来に備えるその準備と祈りにおいて、世にあって国家と明確に区別され、神の国の香りを今に放つ共同体であり続けなければならないものです。教会はこの線に立って、教会と国家と神の国の関係を理解し、その世界政策を導くべきです。

11　キリストの勝利とキリストの国

神の統治の中に「世界」を回復することができたなら、キリストの勝利、あるいは勝利者キリストの事実は世界次元においても語られることになります。キリストは「わが主、わが神」であるとともに、「教会の頭」であり、それだけでなく同時に「万物の支配者」（エフェ一・二三）です。テイヤール・ド・シャルダンが「宇宙のオメガ点」を語り、それをキリストと関係させたことは、信仰における動機の面から言えば、分からないことではありません。教義学における世界の回復は、当然、宇宙論的な意味合いも伴いますから、宇宙の開始とともにその目標や完成についても非科学的な空想としてでなく、科学的な対話を挟みながら、構想されなければならないでしょう。「ビッグバン仮説」は、教義学的に了解し得ない説ではありません。しかし「エントロピーの法則」による宇宙のいわば「温暖死」による終結の説は、教義学的に肯定することは困難です。むしろエントロピーを逃れ、宇宙を終結的な完成にもたらすエネルギーが「継続的創造」によって生み出されると考えなければならないでしょう。全被造物の中に神からの力が保持と継続的創造の形で働いているると教義学は考えます。この意味では偶然論を無視した科学は、科学の名に値しないと言うべきでしょう。

宇宙史とともに人類史もまたキリストの勝利をめぐって、困難な、しかし興味深い問題を抱えています。キリストの勝利はパウロにもヨハネにも語られ、ヨハネの黙示録は特にそれを黙示録的に証言しました。これを世界次元においてどう語ることができるかという問題は興味深い課題です。

父ブルームハルトは、病における悪霊の支配に対し祈りをもって「キリストの勝利」を経験し、それを証言しました。バルトはそのキリストの勝利を神の言葉の文脈だけで理解し、和解論の第三部、預言者なるキリストにおける証言の中で表現しました。それによってキリストの勝利は、すでにキリストにおいて存在論的に達成された和解の事実を認識にもたらす証言や奉仕、伝道において、証者キリストによってもたらされる証言のこととして叙述されました。要するに、キリストの勝利、あるいは勝利者キリストは、キリスト御自身の証言において明らかであり、説教と伝道はそのしるしとなるということでした。ブルームハルトの癒しにおけるキリストの勝利は、言葉における勝利に替えられました。癒しの霊、命の霊も、キリストの言葉の力に解消されています。バルトの説教と伝道におけるキリストの勝利も重大な主張であるに違いはありません。しかしそれによってキリストの勝利のすべてを語ったことにはならないでしょう。とりわけ神の世界統治におけるキリストの勝利は、どう示されるべきでしょうか。

この問題についてキリスト教教義学はほとんど何も語ってこなかったのではないでしょうか。文献としてあるのは、すでに言及したように、カール・バルトの線に立ちながらこの問題を語ろうとして、しかし語れなかったヴィサー・トーフト『キリストの王権』くらいであり、また彼が参照したオスカー・クルマンの研究、それにクルマンから刺激を受けたヘンドリクス・ベルコフがわずかに記したくらいのものです。パネンベルクもこの問題ではラインホールド・ニーバーの著述を挙げているくらいで、彼自身の記述は不十分です。「神の世界統治」とか「世界の聖化」といった問題そのものが、困難さのあまり、無視や忘却の中に置かれてきたように思われます。そしてこのことが、結果として現代におけるキリスト教の全体的な衰退、そして伝道の退潮、教職としての献身者の激減といった現象に対して、大きな背景的理由をなしているのではないかとさえ思われます。主キリストにおける生ける神の働きがもっとはっきりと語られ、宇宙にも世界史の中にも明らかに証言されなければ、キリスト教信仰も教会も次第に衰退する以外にないのではないでしょうか。実存的救済の内面主義や、あるのはただ敗北であるが、それを勝利と見るといった逆説的な信仰理解、あるいは勝利はただ言葉の中で、したがって信仰の中での認識にのみ関わるというのでは、キリスト教の終わりの始まりではないでしょうか。

ヴィサー・トーフトのこの問題についての扱いは、あまり具体的な世界の聖化になっていません。伝道活動におけるキリストの勝利についてはともかくとして、世界統治におけるキリストの勝利は、ほとんど手が着けられていない状態です。この問題についてわたし自身の著書においても、いくつかのことを記述したのに止まり、十分的確に語り得た確信はありません。今後の研究に大きく託す以外にないでしょう。

この問題は、「千年王国説」との関連で言うと、キリストの再臨以前の千年王国説（ポストミネリアリズム）の真理契機を扱うことになります。一八世紀の偉大な伝道者たち、ジョン・ウェスレーやジョナサン・エドワーズたちが、魂の領域においてとともに社会的な領域においてもキリストの支配を目に見えるごとくに仰いでいたことは重大なことです。

それにしてもキリストの勝利を教会の中にあることとしてのみ叙述するのであれば、その教義学は結果として「教会の内輪話」に終始することは明らかです。しかしキリストの勝利とその支配による「キリストの国」は、教会と全く重複するわけではありませんし、教会とともに文化もまた、そして教育も、さらには社会もまた「キリストの国」に属する面があります。救済史的中間時にあっては、教会、国家、社会、文化、教育などはなおまったくの一体的全体にはなっていません。それらの間の区別、とりわけ教会と国家の区別は不可欠です。「神の国」がまったき仕方で到来したとき、「キリストの国」はただ開始的な意味で「神の国」と一つであるのみでなく、全き仕方において一つになるでしょう。そのとき「キリストの国」が包括する教会、文化、社会、政治は、一体になります。「神の国」においては教会と社会と文化は一つになります。しかし国家は神の国の完成の時に解消されるでしょう。法も力も神の国にあって完成しますが、人間に対する人間の支配は暴力とともに審判され、終焉を迎えなければならないと思われます。

12　救済史的終末論

終末論に関しても自著『キリスト教教義学』において加えたいことがありました。これまでの教義学の終末論は、二〇世紀前半では「現在的終末論」や「垂直的終末論」に傾斜し、二〇世紀後半では「将来的終末論」に傾斜しました。しかし「救済史的終末論」の理解はまだ展開されていなかったと思われます。それにしても、救済史におけるイエス・キリストの十字架と復活の出来事は、クルマンが語ったように「中心」と言うべきではありません。そうでなく、それは「終わりの出来事」であり、終末論的な出来事でした。キリストの十字架の苦難と死による神の救済の出来事は、終わりの時の終末論的な出来事であって、そのことは特にキリストに起きた復活の出来事によって明らかでした。復活は終わりの出来事として期待されたことです。このキリストの出来事によって、救済史はすでに終末論的に決定的に規定され、「新しいアイオーン」に入っています。この理解は「今や恵みの時、今こそ救いの日」（Ⅱコリ六・二）と語ったパウロにおいて明確に見て取られます。キリストの十字架の出来事は、その意味で過去化されることなく、終末の終わりまで効力を持ち、救済史に規定的です。その十字架の苦難と死は、復活のキリストによって現在に担われ、現在化し、さらには世の終わりまでその効力を発揮します。キリストの十字架の死はエファパックス（一度限り永遠に）です。神の国はキリストと共に、また聖霊によって、すでに救済史の中に突入を開始しています。

しかし同時に言わなければならないことは、救済史は依然として続行され、前進します。生ける神は、継続的に創造し、救いの御業の力を発揮させます。神の国はその意味でいまだその完全性において成就していません。依然として成就の約束と待望の中にあります。成就の時は、復活のキリストの現在によってではなく、いまだ待たれている栄光の中での再臨のキリストの到来によるとされています。その意味で終わりはすでに開始していますが、終わりの終わりはいまだ到来の約束の中にあって、待望されています。この意味で救済史的終末論は「すでに」であるとともに「いまだ」である二重性の中にあって理解されなければならないでしょう。

終末論のこの理解から、わたしには「実現した終末論」も「現在的終末論」も、さらには「徹底的終末論」も「将来的終末論」も正当とは思われません。また、カール・バルトの初期の永遠と時間の逆説的弁証法や「原歴史」の立場は、バルト自身の言うそれ自体時間ではない「瞬間」を想定し、非時間的な「永遠の今」を想定したもので、歴史への歩み出しになっていません。ペーター・ブルンナーの言う「境界線踏破」を果たしていない非歴史的概念に思われます。これは、歴史研究を教義学の構成から排除した「アンチヒストリスムス」の表現と言うべきでしょう。これによって、宗教改革者が前提していた「歴史的信仰」（fides historica）も欠如することになったと思われます。バルトの後期の終末論は、キリスト御自身が神の国という autobasileia の思想で、終末論のキリスト論化が遂行されたと思われますが、アンチヒストリスムスと Akosmism をなお克服していなかったと思われます。要するに、世界の現実との二元論的対立に立って、世界から分離したグノーシス主義的な表象に巻き込まれたままではなかったでしょうか。そこに陥っているとは言い難いにしても、そこから逃れ出ていないように思われます。パウル・ティリッヒが語った斜め後方から現在の低点に侵入する創造の線と、現在的低点から前方斜め上方へと進行する終末の線という曲線による捉え方も、結局のところ非歴史的な「永遠の今」の終末論、つまりは「現在的終末論」と言うほかはないと思われます。

日本における終末論の試みとしては、熊野義孝の「終末論」がありますが、これは神学的思惟の性格を「終末論」と言ったもので、当初は「弁証法的」ということと同一的な事態を表していました。要するに、熊野義孝の終末論は、神学的思惟の性格を語ったもので、一種の非神話化の表現をなしていました。終末論そのものを受け取って検討してみれば、「終末なき終末論」であったことが分かります。キリストの栄光の再臨も最後の審判も神の国の完成もなく、「新しい天と新しい地」も語られない終末論で、これを果たして終末論と呼ぶべきかどうか疑問です。佐藤敏夫は、熊野の「終末論」に替えて、バルトの「原歴史」を自らの立場と表明しました。しかしバルトの「原歴史」に戻るとすれば、既述した問題性、原歴史と歴史の二元論、そして原歴史のグノーシス的脱歴史的性格を抱え込むことになるでしょう。

わたしは、聖書における使徒的証言に従い、キリスト教的黙示録の諸表象を積極的に受け止めて、「救済史的終末論」を展開するように心がけました。だからと言って、ファンダメンタリズムに陥るつもりはありません。もちろん同時に、啓蒙主義的現実理解の罠に陥るつもりもないことを併せて表明するべきでしょう。ファンダメンタリズムの現実理解でも、啓蒙主義的な実証主義的・科学主義的現実理解でもなく、真実な現実理解の探求が課題です。特にこれは現代人の緊急な課題です。そして復活者の現在による現実理解は、キリスト教的黙示録の真理契機に対して、一段と評価的であり得るでしょう。

「救済史的終末論」においては、「すでに」と「いまだ」の二重性は救済史的な中間時が終末論的な規定の下にあることとして理解されます。瞬間を切断する垂直線とは異なり、救済史的中間時は水平的な時間の幅を受け入れます。現在の時や終末以前的な時が、救済史的な時の進行の中で意味深く保持されます。しかもそれはすでに終末論的に規定された時の中にあります。

救済史的な中間時の中で、伝道の意味は「神の協力者」の意味づけを含めて評価されるでしょう。それは救済史の中に人間の参与が構成的に位置することでもあります。救済史の神は人間の努力を排除しません。もちろんそれなしには神が神であり得ないような意味で、それを必要としてはいませんが、しかしその豊かさのゆえにそれを御自身の働きの中に取り入れることのできない方ではありません。同様のことは、個々人の洗礼と主イエスの十字架の死との関係についても言い得ることです。主イエスの十字架の死は、イエス御自身が自己の死と洗礼とを関連づけたように、それぞれの洗礼を包括し、総合します。このことはまた救済史における人類の苦難についても語り得るでしょう。主イエスの十字架の苦難は、バルトが語ったように、それを前にするならば「世界の苦難が何であろうか」と言うのにとどまるものではないでしょう。主イエスの十字架の苦しみに対し人類の苦難をただ「反映」や「徴」と呼ぶにとどまりません。そうでなく、人類はその苦難をもってイエス・キリストの十字架の苦しみと死に参与します。なぜなら、キリストの苦しみと死は人類の罪ゆえの、また悪と不正ゆえの苦難に代替し、代わって御自身の苦難と死の中にそれらを取り込む神の救済行為であるからです。人類の罪に代理的に勝利し、その苦難を取り込む神の救済行為に、人間は参与し、その神の苦難にあずかります。神は人間の参与を受け入れる神です。その救済の福音を伝達するに当たっても同様です。人間の伝達行為は神の伝達行為の中に取り込まれるからです。救済史は神の経綸の業によって遂行されますが、その経綸の業には人間の奉仕も、神のニーズとして神の本質上必要だからではなく、もっぱら神御自身の憐れみの好意により、取り込んでくださる神の働きによって協力者として含まれています。そこに聖霊の働きが位置を持っています。聖霊は、人間主体に取って代わるのでなく、人間主体を立て、それを生かして用い、救済史を遂行します。三位一体である神は、聖霊なる神でもあります。経綸的三位一体の神は御自身の経綸の業の中に契約のパートナーの働きをも取り込む神でありつつ、内在的三位一体の神と同一の神です。

終末論それ自体について語れば、人格的終末論として、また歴史的終末論として、さらには宇宙論的終末論として相互の一体性において、探求され、展開される必要があるでしょう。そのうえで教義学の最後の言葉は、神の栄光に対する讃美です。したがって教義学は、神とその御業に対して「アーメン」と語り、「ハレルヤ」と歓呼します。

以上が自著『キリスト教教義学』において語ろうとしたことの概略です。なおここでは触れられなかった点、例えば神の本質の議論、悪魔論や天使論、イスラエル論、神義論、贖罪論やキリストの職務論など、多々ありますが、詳しくは拙著の上下巻をお読みいただければ幸いです。

教義学の最後の言葉は「アーメン」そして「ハレルヤ」です。アーメンは神の存在と御業に対する感謝、ハレルヤは栄光にある神に対する讃美と歓呼ですが、それらの中、とりわけ「アーメン」の中には、たとえ人間としてその人の最高最善の営みがあったとしても、そこには神に対する然りと共に、自らの営みに対する悔い改めが含まれていなければならないでしょう。このことはもう少しはっきりと書くべきであったと思っています。

Ⅲ　現代の神学の課題とわたしの立場

1

「現代の神学の課題」をどう認識しているかを語りながら、わたし自身の神学的立場や主張を語るようにとの依頼を受けました。それはすでに『キリスト教教義学』（上下巻）において試みたことなのですが、それを簡潔に、また一層明白に語ることに努める必要があるようです。

「現代の神学の課題」の中で最も根本にある問題は、信仰をもって神学的に思惟する可能性、またその不可欠性を確かなこととして語る根拠をどこに見出し、どう示すことができるかという問題だと思われます。それはまた、およそ「なぜキリスト教でなければならないのか」、その根拠を語ることでもあり、キリスト教の真理性の理由を語ることでもあるでしょう。かつてキリスト教とその神学は、ヨーロッパ世界において揺るがぬ根拠を持ち、自明な根拠に根差していると考えられてきました。ヨーロッパ世界は、いわゆる「教会的権威による統一文化」（コルプス・クリスチアヌム）を形成していました。その自明性の中で教会は絶大な権威を持ち、その信仰は揺るがぬ真理として万人の根本をなすと思われていました。誰もそれを疑うことはなかったし、疑うことはできませんでした。その信仰的な権威による統一的な文化世界、あるいは宗教的・政治的なシステムは、教権(sacerdotium)と帝権(imperium)による宗教と政治の統一的な秩序として根本的な自明性をもって揺るぎなく支配を続けていました。誰もその世界の壊れることのない持続性を疑うことはありませんでした。その秩序の中でキリスト教の真理を言語的に表現した教義やその学としての神学は、精神世界を圧倒的な仕方で統治し、また守護していたと言ってもよいでしょう。

しかしそれらの権威は、一〇〇〇年を経て、中世末期における教会的権威の動揺とともに、また諸民族国家の出現による神聖ローマ帝国の弱体化とともに揺らぎ始めました。宗教改革において再度、「聖書」の権威の発見と「信仰による義」の確かさの主張により、精神的秩序の維持や回復が試みられましたが、〈権威〉や〈自明性〉を求め、魂と世界の平安を求める人類の渇望は、教皇と皇帝の力を離れ、一五世紀の教会会議主義、一六世紀の聖書主義とは別の権威を求めて、あちらへ、またこちらへと蛇行し、次第に別方向への歩みをなしていきました。精神世界においては人間の意識や人間理性の能力を基準とする方向に向かいましたが、政治世界においては民族的、地域的な国家による支配を強化する方向へと向かっていったと言えるでしょう。やがて人間理性と民族国家が権威の所在として登場してきます。こうして一八世紀の啓蒙主義が、近代国家の形成とともに、人類世界の、そしてまたキリスト教史、ならびにヨーロッパ文化史における大きな分岐点を形成し、権威の基準に関する人類史の意識は教会的権威やドグマの支配から乖離していきました。以後、教会の権威はその自明性を失い、精神的な確かさの基盤は、人間の意識や理性、あるいはその文化的営為の中に求められ、宗教やキリスト教の確かさの基盤も人間学的基盤の上で、またその基盤に基づいて主張されるようになりました。

この変化には宗教改革を契機として予期せぬ仕方で登場したキリスト教内の宗派分裂も影響を与えたと思われます。諸宗派の対立の中で宗教的権威の分裂が起こり、それらは相互に相対化の作用を及ばさずにおかなかったからです。教会や教義の唯一絶対的な権威が崩壊したとき、残されたのは人間や文化における倫理的意識や宗教的意識、さらには快楽意識における人間的一致でした。啓蒙主義以後、キリスト教神学の再建が試みられなければなりませんでしたが、その試みはさしあたり人間の倫理意識や宗教意識を基盤とするほかはなく、人間意識に携わる心理学が近代の代表的な学問になりました。

しかし、これは決して安定した道ではありませんでした。倫理的意識が宗教的意識を抑圧と感じ取れば、宗教的意識のイデオロギー性を暴いて、反キリスト教的な精神性こそが自由の表現と見なされることになります。一九世紀の人間的自由の道は、やがて無神論的・反キリスト教的な自由の主張に屈しなければならなくなりました。フォイエルバッハはすでに宗教の秘密を人間学に還元する仕方で説明しました。宗教の人間学への還元は、マルクス主義の場合には、経済学的歴史哲学や経済社会学の主張となって、宗教一般を経済的疎外に対するイデオロギー的な鎮痛剤と見なして、その麻薬的な欺瞞性を剝ぎ取る主張になりました。ニーチェのようにキリスト教的な道徳的桎梏を人間的自由の奴隷化現象と見なして、それゆえ超人による「神の死」の宣言になる場合もありました。あるいはまたフロイトのように、宗教的権威を心理学的に分析し、リビドーに対する抑圧の表現として、そこからの解放をこそ主張する行き方も出現しました。そうした疎外克服の経済学も、自由の無神論も、あるいはまた解放の心理学も、反キリスト教的な主張となった広義の人間学的な反乱の諸形態であって、啓蒙主義以来の道を歩んだものと言うことができるでしょう。デカルトが原点とした「われ思う」から、カントの「批判主義的理性」を経て、ニーチェの「超人」の主張まで、「神は死んだ」を次第にあからさまに主張する道になりました。

したがって人間の倫理意識や宗教意識に基づくことによる宗教の再建、方法的に言うと心理学や理性論による宗教の再建、そしてその上でのキリスト教の再建を行う道は、結局のところ、中途半端な根拠に基づく不安的なものと言うほかはないでしょう。さらに言えば、もしキリスト教神学の真理性の根拠が人間学的な意識や文化的な基盤に基づいて主張されるのであれば、経済学的人間学であれ、哲学的人間学であれ、心理学的人間学であれ、およそあらゆる人間学やその文化的営為そのものが崩壊するときには、その上に建てられたキリスト教や神学もまたもろともにその崩壊を免れ得るものではないことになります。つまり人間の倫理意識や文化意識に基づいたり、心理学に根拠を持った宗教、そういう根拠づけによるキリスト教は、倫理や文化の崩壊的な危機に直面して、決して耐え得るものではありません。それにそもそも、キリスト教とその神学は、その起源からして、それ自体としての人間もその文化的営為も、そして人間の意識や意志も、理性や心理も、それ自体を押し立て得る真理性を欠如し、自己救済力を欠如していることを身に沁みて知っていたはずではないでしょうか。キリスト教は人間そのものの危機の認識を伴って開始していたはずです。キリスト教はその出発において、そもそも人間が真に自由であることは、人間自身を超えたところから自由にされること、自由へと解放されることによるほかはないとの深刻な自己認識にあったのではないでしょうか。人間学や人間の意識的文化が確かさの根拠になり得るのであれば、そもそもの起源からして、何もキリスト教でなければならない理由はなかったわけです。その場合はむしろキリスト教の成立は不必要であったことになります。

逆に、人間学も文化もそれが成立するためには、その根拠をかえってキリスト教からこそ期待しなければならなかったでしょう。「危機」はキリスト教そのものにではなく、むしろ人間と文化にあり、経済も意識も心理も理性も崩壊的な危機に直面しています。人間と文化を基盤としたキリスト教と神学こそ、危機に対してまことに脆弱であると心得なければならないでしょう。

こうして現代の神学の根本的課題には、人間の倫理的意識や宗教的意識、さらには神意識といった、要するに人間学とその心理、あるいはその精神文化、その理性の自律からではなく、別の確かな根拠から、キリスト教とその神学の基盤や出発点が獲得されなければなりません。いったいそれが可能かどうかという問題が根本にあるわけです。

2

以上の事態からして、神学はそもそも〈キリスト教成立の根拠〉から出発する以外にはないわけです。このことは〈神の救済の出来事〉、その〈事実〉から出発する以外にはないということです。それは個人にせよ、あるいは集団にせよ、その信仰意識の蓄積や信仰的決断から出発するということではありません。信仰意識や信仰決断のもっとその根底や背後にある〈神の出来事〉に根拠と起源を持たなければならないということです。神の救済の出来事の中に〈神の啓示〉が示されます。そうでない限り、神とその御業の認識を語る神学は成立のしようがないでしょう。つまり現代の神学は、キリスト教の存在とその確かさの根拠を求め、それを神の〈歴史的な御業〉において求め、その〈啓示〉を改めて歴史的啓示に問うほかはないと思われます。それに代えて、宗教的意識や信仰意識に訴えて、神学を遂行するのであれば、それは現存するキリスト教会の存在を前提にして、その自己理解を問うだけになり、キリスト教の現存状態を無条件に揺るぎないものとして想定する楽観論に立つことになります。それはつまりキリスト教の真理性や確かさに関する問いをキリスト教の現存を脅かさない程度に抑えて評価するという無意識的な防衛作業の枠内においてのみ可能なことになり、真実な探究の姿勢を放棄することになるでしょう。そうでなくて、現代の神学はむしろ神の救済の出来事を歴史的な事実の中に求めて、そこに見出される啓示を探究することを回避することができないと言うべきでしょう。

神の歴史的な救済の出来事は、神の経綸の働きであり、啓示を示す事実は歴史的な事実です。非歴史的な神話や形而上学的な理念が救済の出来事ではありません。歴史的な事実は、歴史的に認識される事実であって、観念的な原理の思想ではあり得ません。思想よりも事実が重大であり、解釈よりも事実、論より証拠が重大です。

二〇世紀の代表的な神学者カール・バルトは、キリスト教とその神学の真理性や確かさを「神は語った」として「神の言葉」に見出しました。それによって彼は、啓示を「神の言葉」から理解しました。啓示は「神の言葉」としての啓示とされたわけです。この啓示は「神の言葉の受肉」として理解されましたが、その受肉は時には「原歴史」と呼ばれ、通常の歴史から区別されました。啓示は歴史にあるのでなく、神の言葉の原歴史的な出来事とされたわけです。歴史的啓示でなく、原歴史的な啓示の主張です。そこには、歴史は頼りにならず、歴史学は神学にならないという主張が含まれていたでしょう。その直前までの一九世紀は逆に歴史学が盛んな世紀であって、ハルナックのようなリッチュル学派の偉大な歴史神学者が出現しました。歴史神学が神学諸科の代表になりました。しかしバルトはその歴史神学を神学の秩序において単なる「補助学」の位置に貶め、もっぱら「神の言葉の神学」を唯一教義学として主張しました。カール・バルトの一九二〇年代は神学によって歴史の彼方と取り組む「アンチヒストリスムス」(反歴史主義)の時代であったわけです。

それにしても歴史はキリスト教神学の不可欠な地平ではないでしょうか。二〇世紀後半の神学の代表者になったヴォルフハルト・パネンベルクは、歴史こそ神学の不可欠な地平であるとして、神学は「神の言葉の神学」ではなく、「歴史の神学」であると主張しました。それによれば、「啓示」は「歴史としての啓示」だと言うのです。神が「歴史の神」であるということは、歴史全体をとおして御自身を啓示する神であることを意味しました。それゆえ「歴史としての啓示」は、歴史が全体として完結したときに完成します。したがって究極的な啓示は歴史の終わりにあるとパネンベルクは主張しました。そしてただその終わりの究極的な啓示の「先取り」が、イエス・キリストの出来事、とりわけその復活にあるとされました。しかしそうなると、キリストの啓示は完成された啓示の「先取り」ですから、歴史の終わりの究極的な啓示に対して暫定的なものにすぎないとされます。キリストの啓示は暫定的で、歴史の終わりの啓示こそ究極的になります。そうなると、そこから認識される神についても暫定性と究極性の問題が発生してくるでしょう。拭い難い疑問が生じます。

それにしてもバルトにせよ、パネンベルクにせよ、いずれも啓蒙主義以後の現代的な神学の状況をその根本的な課題から認識し直して、問うべき問いを問うていると言うことはできるでしょう。この点において敬意を表さなければならないと思います。しかしそのどちらにしても、歴史のイエス・キリストの人格とその言葉、行為、そしてイエスに遭遇した出来事である十字架と復活の歴史的出来事において、神が決定的、かつ救済的に働き、その神の救済活動の中に神の啓示があるという意味での「歴史的啓示」を捉えてはいないと思われます。したがってバルトかパネンベルクかそのどちらかに決断的に依拠するのでなく、わたしたち自身として現代の神学の課題を考え、歴史的啓示の認識に努めなければならないと思われます。

3

神学的思惟とその認識は、神が御自身を示される啓示から出発しなければならないとわたしは考えます。キリスト教とその神学の真理性も確かさも、神の啓示に根拠を持つと考えるほかはないと思うのです。ただし啓示は、バルトが言うような神の言葉の啓示、あるいは時には原歴史的と呼ばれた啓示ではなく、またパネンベルクが言うような歴史全体の終わりにおける啓示でもない。そうでなく、イエス・キリストつまり「歴史のイエス」の人格とその言葉、その行為、そしてキリスト・イエスに降りかかった出来事（十字架の死と復活の出来事）という一連の歴史的な出来事、その事実の中に示される啓示であり、その意味において「歴史的啓示」であると、わたしは考えます。「歴史のイエス」における「歴史的啓示」こそが「神の啓示」であると思うのです。歴史のイエスが神のメシアであり、御子にいます神であり、そこにおいて御父である神を聖霊によって示すことが神の啓示です。

現代神学の課題は、単に啓示を再発見することではなく、「歴史のイエスにおける歴史的啓示」を再発見することではないでしょうか。「歴史的啓示」の再発見から、もう一度「歴史のイエス」

の存在、その出来事の事実性とその意味に注目し、神学の再建を遂行することが現代の神学に課せられた必死の課題であろうと思うのです。そして実際、「歴史のイエス」の再発見は、それを喪失した二〇世紀の神学における他の欠陥や問題的性格の克服にも向かうことになるのではないかと思っています。歴史のイエスの再発見ということは、歴史学の成果を抽象的に扱うのでなく、歴史学における蓋然性をめぐる戦いを戦い抜くことを意味しています。わたしはこの歴史学的な「戦いを戦い抜く」という表現をエルンスト・トレルチの『信仰にとってのイエスの歴史性の意義』という一九一一年の小冊子（講演から成立した論文）から継承しています。キリスト教は歴史のイエスの事実から成立しています。ですからその事実は重視されなければなりません。その事実なしに、あるいはその事実を希薄化させながら、何らかの思惟や解釈によって活路を、例えば存在論的にあるいは実存論的に、あるいはまた言語解釈論的に見出したりしても、正当とは思えません。神の現実はカント以来、倫理的文脈に、さらには実存論的文脈に押し込められてきましたが、それを破って神の現実は神の現実として自然の文脈でも世界の文脈でも歴史の文脈でも宇宙の文脈でも回復されなければならないでしょう。「神の言葉の神学」もそうした自然や世界からの神の追放、神の現実の狭小化に対する対応の面があるのではないでしょか。それで神の現実を言葉の現実の中で確保しようとしたのではないでしょうか。しかしそれは、神の現実それ自体に即したことにならないでしょう。

神学においては「論より証拠」を重視し、解釈より事実を重んじることが大切だと思います。アンセルムスは『クール・デウス・ホモ』においてremoto Christo（キリストから離れ、キリストを括弧に入れる思考）の立場を採用しました。そのためにイエス・キリストの死は思惟の中に入れられましたが、その死が十字架にかけられての死であったことはまったく顧みられませんでした。十字架は思惟の産物ではなく、歴史の事実から来たことだったからです。そうした歴史のキリストの事実から離れた抽象的な思惟は、弁証学的にはともかくとしても、キリスト教と神学の根拠にとって、またとりわけ教義学が探求する真理にとって意味があるとは、わたしには思われません。

二〇世紀の神学は「歴史のイエス」から離れ、歴史のイエスを抜きにしても成立する神学を遂行しようと試みたのではないでしょうか。それだけ一九世紀の歴史学がもたらした相対的な結論やイエス伝研究史の歴史的桎梏から逃れようとしたと言い得るでしょう。そのため「アンチヒストリスムス」によって神学的自由を獲得しようとしたのではないでしょうか。「あつものに懲りて、なますを吹く」の類で、歴史学とイエス伝研究史に懲りて、地上のイエス御自身を回避する結果になったと思われます。バルトの神の言葉も、ブルトマンの実存論的信仰も、ティリッヒの現象学的な「新しい存在」の神学も、「歴史のイエス」との結合を極力稀薄化させ、間接化させたもの、なくてもさしつかえのないものにしたのではないでしょうか。しかし思い切って言えば、それは基本的な方向を間違えたと言うべきではないでしょうか。それらは既述のアンセルムスのremoto Christo（キリストを離れて）の思惟による贖罪論の道と類似の傾向を感じさせます。

これに対し「歴史的啓示」の主張は、地上のイエスの歴史的認識を不可欠にします。地上のイエスの歴史的認識に基づきながら、ケリュグマのキリストとイエスの関係の同一性を語ろうとします。それはまた、原始教会と歴史のイエスの関係、さらに言えば復活のキリストと生前のイエスの連続性、同一性という事柄になります。したがってわたしの教義学的な立場は、新約神学においてそれらの連続性、継続性、同一性を認識し、主張する人々、例えばヨアヒム・エレミアス、マルティン・ヘンゲル、ペーター・シュトゥールマッハーなどとの共通性に立つことになるでしょう。

4

「歴史的啓示」の主張と「歴史のイエス」を回復することとは一体的な事柄です。そしてそこからいくつかの結論が引き出されるでしょう。一つは神学における「神の国」の回復であり、「伝道」の再発見であり、「聖霊」の強調です。歴史のイエスを回復すれば、その福音の告知であり、イエスがそのためにすべてを傾注した身近に迫った神の国の到来が重大な主題になるでしょう。またそのために民を集め、異邦人もその影響に浴したイエスの宣教の行為が主題になるでしょう。そしてイエス自身の召しと祈りと癒し、悪霊の追放に働いた聖霊の力が視野に入ります。キリスト論的であることと聖霊論的であることとが乖離するのは、むしろ歴史のイエスを喪失したキリスト論が陥る罠ではないでしょうか。

「歴史的啓示」から帰結することは、神の啓示がそこに起きた歴史のイエスの人格とその生涯を身近に感じ取ることです。地上の生涯を歩まれ、神を語り、敵を赦し、罪を赦し、病人を癒し、弟子を集め、そして派遣し、罪人・徴税人と共に会食し、十字架にかかり、三日目に復活したイエスを主と信じ、キリストと信じ、身近に仰ぎます。また地上のイエス、歴史のイエスが身近であるのは、復活のキリストがイエスと同一のお方であるからです。復活者キリストの現在と共にあることは、歴史のイエス、地上のイエスと共にあることであって、わたしたちの敬虔（パイエティ）は地上のイエスを見えるかのように仰ぐ信仰によって、養われなければならないでしょう。

5

歴史のイエスの語られた言葉によって、「神の国」の近き到来の信仰が回復されなければなりません。神学・教義学の主題から神の国は久しく見失われてきました。エイレナイオスやアウグスティヌスにはなお明らかにあったこの主題が、トマスでは失われました。それが喪われたのは、キリストの再臨の遅延のためという解釈もあるようです。三世紀初頭のモンタヌス運動の挫折以来のことと考えられる場合もあります。さらにまたアウグスティヌスの『ソリロキア』における「神と魂」への神学的関心の収斂が一面的に継承されたためとも思われます。結果的に「神の国」の期待とその黙示録的表象は、教会一般の表面的な意識から離れ、むしろ公の教会からは危険視された分派の中に、そして民衆の隠れた意識の低層に継承されたと考えられます。宗教改革者たちも一般にはやはり神の国を喪失していました。そのことは、例えばカルヴァン『キリスト教綱要』の中に「神の国」が出てこないことによって明らかでしょう。黙示録的終末論は、宗教改革の急進派（再洗礼派）の方にこそありました。その後の近代世界も神の国を失ったままでした。最高善を倫理的な善や徳として捉えて、世界における神の国の到来は、近代的な思惟の外に追いやられました。

　近代における神の国の回復は、宗教史学派のイエスの説教における神の国の発見に帰せられます。しかしその前にコッツェーユス、ベンゲル、そしてフォン・ホフマンやケーラーに及ぶ救済史の系譜がありました。そこにはコッツェーユスの師であったウィリアム・エイムズなど、ピューリタンたちの思想も寄与しています。「神の国」の回復という課題は、コッツェーユスからエイムズに遡る仕方で、ピューリタン神学への関心を再興させるでしょう。これも現代の神学の課題、ドイツ語圏の神学では容易にそこまでいかない課題ではないでしょうか。ドイツ語圏の神学がピューリタン神学の意味理解のセンスを持ち合わせていないことは、神の国の神学を現代に再興させたパネンベルクの場合にさえ明らかです。そのためパネンベルクでさえも、ロックとルソーの相違を的確に理解していません。しかしこうした視点は、日本における神学は忘却してはならないのではないでしょうか。

6

「神の国」とともに「世界」における神の働きも神学から失われてきました。神の救済活動は教会とキリスト者をもたらしたゆえに、教義学は贖罪論に続いて教会論と救済論を扱います。しかし同時に勝利者キリスト、王、祭司、預言者であるキリストのこの世界における働き、したがってグローバルな視野における救済論があってしかるべきでしょう。それによって「世界の聖化」あるいは「世界の更新」が考察されてよいはずです。そしてそこに示される神の世界統治やキリストの勝利が考察されるべきではないでしょうか。この意味では神学は、実存論的な枠組によって狭められるべきではありません。神の御業は、「神と魂」あるいは「神と実存」によって尽きるものではないからです。同様に神学は教会主義的に狭められるべきでもないでしょう。真に教会的であることと、教会主義的な視界の閉塞状態、あるいはカプセル的思考との違いを、常に明確にしなければならないでしょう。教会的であることは、同時に世界的であるか、あるいは真に世界的であるための根拠であるとも言い得るのではないでしょうか。現代の神学の課題として、神の国への関心を取り戻すとともに、世界を保持し、世界を統治する神の働きを取り戻さなければなりません。世界から神の働きを排除した近代的思惟を神学は打破しなければならないでしょう。それは「無世界主義」(akosmism)の克服というテーマです。それはまた実証主義的、科学主義的な現実概念の歪みを是正して、真の現実を概念的に取り戻すという課題でもあります。

そもそも古代人は宇宙や世界、つまりコスモスに現実の存在論的根拠を見ていたと言い得るでしょう。中世人はそれに対して神に存在と真理のすべての根拠を見出し、近代人は人間の思惟、思惟する人間を根拠として据えました。古代人のコスモスは神も人間も包括しましたが、中世人の神は世界と人間が存在する根拠でもありました。近代人の自我もそこから、ということは自我の意識から神も世界も成立させる根拠として立てられたと言い得るでしょう。デカルトの神の存在証明が人間的自我における生得観念としての神観念にあったことが思い起こされます。近代はまたハイデガーの言う「世界観の時代」でもあって、人間の観点から世界もまた考察されました。

しかし近代の神学が神と自我の両極によって神学を構成したとき、世界は神学の中におけるその場所を喪失しました。近代の危機を認識した二〇世紀二〇年代の神学もまた世界喪失の状態から立ち直っていなかったと思われます。現代の神学は世界を回復し、その聖化、更新、そして神の世界統治を再認識する必要があります。

神学・教義学における世界の回復は、救済論の修正だけではなく、終末論の修正にもならなければならないでしょう。終末論は個人的な実存主義的終末論（例えばブルトマンの場合）に尽きるわけではありません。そうでなく人類史・世界史的な歴史的終末論でもあるはずです。さらには宇宙的終末論が加えられなければならないでしょう。その意味は、終末論を救済史的終末論として、黙示録的表象の意味を尊重しながら展開することになるでしょう。それとともに〈現在的終末論〉は乗り超えられなければならないと思うのです。

7

現代の神学的課題としては、神学・教義学の主題として〈伝道〉を回復しなければなりません。神学からなぜ伝道が欠落したのでしょうか。一つの大きな理由は、宗教改革でも、その後の一七世紀の正統主義の神学形成期にも、教会が実際に世界への伝道を行っていなかったからと言われます。すでにキリスト教化された中世ヨーロッパのキリスト教世界にあって、それぞれの教区の中で、救済論や教会論に関心は向けられましたが、福音を知らぬ未知の地域に伝道することは関心の外に放棄され、無視されました。プロテスタント教会が伝道を自らの課題として再発見したのは、一八世紀の敬虔主義や信仰復興運動（ツィンツェンドルフ、ウェスレー兄弟、ホイットフィールド）においてであり、さらにインド伝道（ジョン・ケアリー）によってです。そのようにして続く一九世紀の世界伝道に注いでいきました。実践神学の中に「伝道学」が登場したのは、一九世紀末のことでした。

教義学における「伝道」の欠如は、新約神学にも影響を与えたのではないでしょうか。例えば新約神学の歴史は、パウロの神学を論じるに当たって「伝道」の理解を欠落させるといった奇妙な結果を生んできたのではないでしょうか。多くの新約学者がパウロの伝記を叙述する部分では、パウロが「異邦人の使徒」であることを語りながら、それでいてパウロの神学を叙述する部分では彼の「伝道」理解を語ろうとはしてきませんでした。パウロのキリスト論や聖霊論や義認論や人間論を語っても伝道論は語らない。この欠落になぜ気づかなかったのでしょうか。それは教義学が伝道論を欠如していたのを反映していたからではないかと思われます。

しかし、歴史的啓示とともに歴史のイエスを取り戻すならば、〈イエスの伝道〉を取り戻さないわけにはいかないでしょう。イエスの弟子の召集と派遣の意味を考察しないわけにいかないと思うのです。イエスが目標としたイスラエルの再建とその世界伝道的な意味に着目しなければならないはずです。共観福音書における異邦人伝道・世界伝道的な枠組みがあることについても考察されるべきであり、イエスの異邦人伝道の意味を考えなければならないでしょう。イエスが異邦人伝道の開始者ではないかというテーマも再考されなければならないでしょう。キリスト教世界の中での信仰の継承という問題だけでなく、それにまさって非キリスト教的な地域に踏み出す異邦人伝道・世界伝道がある、なければならないという問題です。これもプロテスタント教会の教義学では忘却されてきた問題です。

イエスにおける神の国の再発見と伝道の再発見は関連しています。伝道は神の国の到来に備えてその民を集める行為であって、神の国と深く関係しているからです。それとともに伝道の発見にはさらに聖霊論の見直しが関連します。人間の伝道奉仕は、救済史の進行にとって何らかの意味があるでしょう。生ける神の救済史的働きは、教会とキリスト者の参与を包括しながら、現在的に進行している現実として把握されなければならないでしょう。

その他にも伝道の教義学的文脈は豊富なものがあります。例えば「神の協力者」の理解、あるいはまた救済論における「召命と派遣」の理解、そして「主に従う」の理解などに及びます。「主に従う」を聖化論として扱うのは伝道を忘却したヨーロッパの神学的偏見ではないでしょうか。歴史のイエスの召しによれば、「主に従う」のは、聖化論よりも伝道のテーマです。「戦い」や「キリストの兵士」についても同様です。教義学の大幅な書き換えが求められるのではないでしょうか。

8

プロテスタント神学の現代的課題には、〈聖霊論〉を再考するという課題があります。この点は、プロテスタント神学が西方教会の神学として「フィリオクエ」（「御子とから」）の系譜にあるからです。フィリオクエは元来のニカイア信条にはない一句でした。それを西方教会は東西を包括した世界教会会議の議を経ることなく、ローマ教皇の権威によって挿入しました。「御子は御父から生まれ、聖霊は御父から発出する」とあったのを、「御父と御子とから発出し」としたわけです。この表現は、三位格の秩序をペリコレーシス（相互の交わり）よりも、御父－御子－聖霊と上から下へと降る秩序において理解したことを意味します。アウグスティヌスの三位一体論がこの秩序において貫かれたと言われ、アウグスティヌス－西方教会の神学史的特徴とされます。この場合、聖霊論は概してキリスト論による規定を受けます。聖霊は確かに御父の霊ですが、同時にキリストの霊であるからです。この関係では「父の霊」と共に「キリストの霊」も語られますが、「聖霊によるキリスト」は語られません。キリストと聖霊の関係について、もっぱら聖霊は「キリストの霊」であると語られ、キリストは「霊のキリスト」とは語られないという一方的な規定になります。それによって聖霊は常にキリストとその御業の述語にされることになるでしょう。この場合、主語としての聖霊は失われることになるでしょう。つまりは聖霊の「位格性」の欠落を意味することになり、三位一体は曖昧にならざるを得なくなります。神と御子の二つの主語と聖霊という神の述語が語られるだけでは、真正の三位一体ではなく、二位一体か、あるいは二・五位一体と言うほかなくなるでしょう。三位の中での聖霊の位格性、その主体性・主語性をどう語るかは、プロテスタント神学の伝来の課題になりました。

これに対し、歴史的啓示から出発し、歴史のイエスから出発するとき、聖霊が神的主体性を持ってイエスに臨み、伴い、さらに死人からの復活をもたらすことは明かでしょう。そもそもイエスの誕生は聖霊によってもたらされ、イエスの召しと神の御子としての自己理解も聖霊により、イエスは聖霊によって悪霊を追い出し、聖霊によって御国の現在を告げます。イエスの生涯は祈りに満ち、聖霊の同伴を伴います。ヨハネによる福音書では、確かにイエスが主体として聖霊を注いでいます。しかしそれは聖霊によって死から命へと起こされたからとも言えるでしょう。したがって福音書が告げるイエスと聖霊の関係は、聖霊からイエスへであり、復活を挟んでイエスから聖霊へと転じています。つまり聖霊に対するキリスト論的規定が語られるだけでなく、それにましてイエスに対する聖霊の規定が証言されているわけです。つまり「聖霊論的キリスト論」と「キリスト論的聖霊論」の両方があることが分かります。この意味での三位一体論を明らかにすることが、現代の神学の課題になるでしょう。

イエスの復活において聖霊が「命を与える霊」であることは明かです。この点はパウロにおいても明言されており、ニカイア信条もこのことを語りました。しかし西方教会、それゆえプロテスタント神学も「命を与える霊」を忘れて、もっぱら「信仰を与える霊」としての聖霊を語るに止まってきました。しかし二〇世紀の神学は「命を与える霊」についても語ることを心がけてきました。それだけ二〇世紀は「死の世紀」であったと言えるでしょう。二一世紀にもこの問題は継続しています。そこで現代の神学の課題として聖霊の位格性を明らかにするとともに、霊の働きとして「命を与える」ことが含まれていることを明らかにすべきでしょう。しかも単に精神的な生だけではなく、身体的な命をも与える霊として理解されるべきでしょう。聖霊が身体的な意味で命を与える霊であることは、神の創造の時以来の御霊の働きに思いを向けることであり、同時に歴史のイエスに働いた聖霊の働きをもって聖霊の理解を豊かにすることでもあります。イエスは聖霊によって、死人を生かし、悪霊を追い出し、病人を癒し、御自身もまた死人の中から甦らされました。

9

聖霊の働きは、主にある者を「神の子」とし、「アッバ」の祈りを起こし、神の国の福音の伝道へと派遣することを含んでいます。聖霊は人間のために執り成し、人間の主体に働き、それを召し、主のものとし、「神の協力者」として派遣します。この聖霊の働きの理解なしには、〈正当で適切な神学的人間学〉に位置を与えることはできないのではないでしょうか。そうでないと、あまりにも人間を無視し軽視し過ぎてしまうか、それとも逆にあまりに人間の位置を高く置き、大きく語りすぎる誤りに陥るでしょう。バルトはその両極端の誤りに陥らないように警戒しましたが、結果としてはあまりに人間の働きを軽視する方向に傾斜したとわたしには思われます。すべては人間に取って代わるキリストに掛けられ、人間の伝道の働きも「余分なもの」とされました。キリストによる業の中で和解は存在論的に完成され、人間は原理的にみなキリスト者であると言われ、伝道も真の預言者であるキリストの業であって、キリスト者の伝道はなくてもよいものとさえ考えられました。なくてもよいものがただイエスの業を反射し、反映しているのみとされました。人間とその営みは救済史の遂行の構成要素ではあり得ないことになります。バルトの神学においては神は人間を協力者として持つことを苦手としています。その背景には、キリスト論における「アンヒュポスタシス・エンヒュポスタシス」の主張や聖霊の働きはただキリストの言葉の力だけに限定されたことがあったと思われます。しかしこれに対して、反対にペラギウス主義や神人協力説に陥る誤りもあるでしょう。それは東方教会が陥る危険と言えるかもしれません。創造、救済、完成において神人協力説を語ることはできないことです。

しかし、救済史的な中間時において人間が神の救済に参与し、神の救済行為に対して、召された人間の派遣による伝道の業が用いられるのは、一方に存在論的に完成したキリストの出来事に対し他方にはその反映としての人間存在があるといった二元的な対置とは異なるものがあるだろうと思われます。人間は神の救済行為に参与し、また用いられるのではないでしょうか。神の働きは、人間の参与を包括し、用いることによって、しかも御自身の自由な意志と御業を貫徹します。参与する人間と包摂する神を語ることは、神の愛の豊かさと人間の主体に働く霊によって可能とされるでしょう。一見矛盾をはらむ語り方をしますと、神はその独占活動の中に人間の参与を包括します。キリストの十字架の死が包括的な洗礼であり、包括的な死であるように、神の救済史の働きは人間の協力を包括的に用いてくださり、キリストによる和解の完成は使徒的な伝道の遂行をその一つの契機としています。

10

わたしの神学的な立場として語りたいことの一つに、「神の意志決定」の主張があります。これは改革派神学が主張した「聖定論」ですが、バルトはこれを「神の恵みの選び」として語り、選ぶ主体としてのキリストと選ばれた方としてのキリストによってキリスト中心的に、またキリスト論的な神の規定において語りました。それはそれとして意味のある議論ではあるでしょうが、わたしはむしろ三位一体論的な神の意志決定として理解したいと思います。そしてその意志決定の内容は、単に人間の選びだけでなく、およそ神が御自身の内にあって神の経綸の御業に踏み出す決意をなしたこととして理解すべきと考えています。こうして、三位一体の神とその御業である救済史が「神の聖なる意志決定」に接合点を持つと理解されます。聖書的な典拠としてエフェソの信徒への手紙の第一章は重大な箇所をなすでしょう。

神の聖なる意志決定に神の救済史的な行為の全体の神的な始原があると言い得るでしょう。聖書の証言には、「神の御旨」「神の御心」「神の御計画」「神の意志」といった表現が見られます。それらは教義学的に有意義な記述として理解されるべきでしょう。世が造られる前からの神の選びは、当然、ここに場所を持ちます。それは救済史の中で起きる神の召しに先立ち、その根拠をなすことになります。そして当然、創造の本来の起源もここにあると知られます。

この聖なる神の意志決定に注目することによって、〈創造の起源〉の問題も理解されるでしょう。それによって、わたしはモルトマンが主張した創造の起源をめぐる理解の混乱に反対します。モルトマンによると神はまず御自身へと自己撤退し、その空いた場所が神の時間と呼ばれ、そこに神の世界創造がなされたと主張します。ユダヤ教のカバラ神秘主義のツィムツム論と言われる思想が採用されたわけです。この議論の混乱は、終末には逆に神の自己制限の撤廃があると言われることで判明します。つまり神の世界創造の始原をめぐって、モルトマンは勝手で余分な饒舌に誘われたのではないでしょうか。

神の聖なる意志決定は、また神の経綸の御業の自由の根拠でもあって、その議論を欠如したパネンベルクの問題を指摘することができると思われます。元来、ルター派神学は聖定論を保有していません。そのためルター派を背景に持ったパネンベルクは、創造の根拠をめぐって神の意志決定に委ねることはしませんでした。そこで別の理論に訴えなければなりませんでした。そこで彼が訴えたのは、御子が御父と異なるという「御子の他者性」というヘーゲル哲学の主張でした。それによって御子は、およそ神と異なる他者的なものが存在する原理になると言われました。御子は〈他者性の原理〉であり、およそ神以外のものが存在する根拠となるというわけです。しかしこの説明では、神以外のものの存在が、御子の存在という神の本質から発することになるでしょう。確かに「万物は御子のために、御子によってなった」とコロサイの信徒への手紙に言われますが、それは「他者性の原理」として言われたのでしょうか。そうなら、万物の成立は神の自由によってではなく、本質必然的になったことになるのではないでしょうか。その意味で御子を被造物の存在の「他者性の原理」と呼ぶのはよほどの注意が要ると思われます。ニカイア信条が、「御子は生れたまいて造られず」と語って、明確に被造物と区別したことを無意味にしないでしょうか。さらには他者なしには神はないことにならないでしょうか。このことは世界の創造について言えば、神のあるところ世界があることにならないでしょうか。他者性の原理を神の本質に置くことは、神が本質的に神以外のものと共にあるということになって、神の本質的な他者相関性を語ることになり、さらには神の相対性を主張することになり、神の世界依存性を語ることにもなるであろうと思われます。これに対し、むしろ神の聖なる意志決定に創造の根拠を見ることによって、御自身が御自身であるためには少しも世界を必要とされない神が、その自由な意志において世界の創造を意志されたのであり、なんら神の本質的な世界依存性を語るわけではなくなります。神は自由なお方であり、万物の創造においても、その自由にあって御自身の本質に相応しい意志決定をなし、そして自由で恵みの意志、その御計画を遂行されたのです。

この問題はさらに、パネンベルクの啓示理解の問題性をも突くことになるでしょう。パネンベルクによると神のまったき啓示は歴史全体が完結する歴史の終わりにあると言われます。終わりになって初めて歴史の全体を語ることができるからです。そのときのまったき啓示に比して、イエス・キリストにおける神の啓示は、先取りにすぎず、終わりの啓示までの暫定的な啓示であり、終わりのまったき啓示によって乗り越えられるものであると言われます。しかし神が御自身を啓示するのは、歴史的な出来事をとおしてであるとしても、なぜ終わりでなければならないのでしょうか。歴史の終わりによって到達し得る歴史の全体から啓示がなされるということは、神御自身にとってどうにもならない論理的必然性でしょうか。つまり、神の自己啓示は歴史というものからのおのずからの論理によるのでしょうか、それとも神の自由な意志による自己啓示によらないのでしょうか。パネンベルクの神は歴史に対し啓示の自由を持ちません。それではまったく歴史に従属する神ではないでしょうか。わたしはこの相対化された神理解に反対です。これでは聖書が告げる歴史の主なる神を理解していないことになると思われます。神は歴史の主であり、歴史の主である神は歴史をとおして自由に御自身を啓示なさいます。歴史的啓示による自己啓示を愛にあって自由に意志決定なさる。そのようにして御子キリストにおいて世界を救済し、罪人の罪を贖い、その救済活動の中で御自身の御旨と御業を、そして御自身を啓示なさいました。神の歴史的な自己啓示は、愛と自由による神の自己啓示であって、その愛にある自由な行為は聖なる意志決定にその根拠を保持しておられます。神の自由な意志決定を弁えることなしには、創造の根拠を不明にするだけでなく、また啓示の時の理解も不明にするでしょう。

11

現代の神学の課題には、啓蒙主義的理性を根拠にした近代的な現実概念を変革しなければならないという課題があります。近代的な現実概念は、神を追放した現実を実証科学的に想定しています。それに対し、生ける神の働きへの信仰と理解を欠いて、キリスト教的生は何の実在性も持たなくなるでしょう。この意味では「現実概念」は変えられなければならないでしょう。「生ける神の働き」や「復活のキリストの現在」は近代的な「現実概念」の変更を迫ります。近代的啓蒙主義的な現実概念、あるいは理神論的な現実概念も打破されなければならないでしょう。神は今現在、生ける神としてその力を宇宙にも歴史にも、一人一人の実存にも働きかけ、注いでおられます。このことは、歴史のペシミズムからわたしたちを解放し、また宇宙論的なペシミズムからも解放するでしょう。「偶然概念」が科学の中でも重大にしてかつ決定的な意味を持つでしょう。偶然に働く神の活動は、継続的創造の意味においても、救済史の推進の意味においても、現実を将来へと開き、歴史的な真理概念を形成します。ヘブライ的な真理概念は、無時間的、観想的、抽象的な真理概念ではなく、感性的な契機も含めながら神の行為的真理として活動的遂行的な実在であるように、キリスト教的現実概念も神の行為が形成する活動的実在としての現実です。この現実概念によって宇宙の現実も受け止めることができれば、宇宙もまたエントロピーの法則によって全体的に規定されるものではなくなるでしょう。エントロピーの法則が妥当する面もあるでしょうが、しかし宇宙の現実の全体を概観すれば、生ける神の働く宇宙としてエントロピーを逃れる契機、脱エントロピー的契機があるでしょう。宇宙は神の継続的創造の下に動的な被造物的実在として理解されます。歴史の現実が神の義と平和の力の働きに触れ、人間の罪と悪と破壊の力に立ち優っているように、生ける神の被造物としての宇宙もまた神による完成を待ち、それに備える活動的な実在であるでしょう。

Ⅳ　拙著『キリスト教教義学』とメソディスト教会の接点

拙著『キリスト教教義学』は、メソディスト的伝統によって歩んでいる諸教会にどのような関係にあるか語るようにという依頼を受けました。神学、特に教義学は、イエス・キリストの「歴史的啓示」に基づいて神とその御業について語り、神の創造活動と救済活動を語って、福音の理解を明確にする責任を負っています。福音を語ることは、伝道の働きにとって不可欠なことですが、同時に教義学は教会の根拠と本質を語り、その進路の方向を明らかにし、とりわけ教会の使命、礼拝における神への讃美と神の国の到来に向かっての備えをなし、信徒の信仰生活を慰め、鼓舞しなければなりません。その際、教派的な特徴を意識的に強調する姿勢を取ることもあり得るでしょうが、拙著の姿勢はそうでなく、プロテスタント内のエキュメニカルな姿勢を明らかにすることに努めています。それはわたし自身の教派的出自が合同教会（日本基督教団）の中に身を置く小さな旧教派（ディサイプルス教会）であったためですが、その中でわたしは信仰を与えられ、信じ神学する実存の基本姿勢を育てられました。それとともに神学に携った多くの時を東京神学大学で過ごし、そこで神学を学び、そこでプロテスタント内部の諸教派の神学生、教職者、教会との交流を歩んできました。神学するということは、おのずとそうした自らの基盤を認識することであり、また問題点を自己批判することでもあります。そのような仕方で、拙著『キリスト教教義学』は「福音主義教会の教義学」を追求しており、「プロテスタント教義学」として、どの教派的な背景を持つ教会にあっても、ほぼその全様を理解していただけるものと期待しています。

福音主義的教義学は、学問史的に言うと、元来、宗教改革と一七世紀の古プロテスタント正統主義における教義学の発達を土台とし、啓蒙主義以後の近代においては、シュライアーマッハーやその後の自由主義神学の時代を経て、二〇世紀の「神の言葉の神学」、そしてその後の二〇世紀後半の神学を経過してきました。この経緯は、ルター派や改革派などヨーロッパのプロテスタント神学が共通して辿った道であり、イギリス国教会の経緯はまた自ずと異なると言うべきでしょう。しかしプロテスタント諸派の神学、それも教義学となると、ヨーロッパのドイツ語圏の神学からの影響を強く受けながら進展してきました。その中である人は比較的、ルター派的な色彩を色濃くもった教義学を立て、またある人は比較的、改革派的な色彩を強くもった神学を立ててきました。それぞれの傾向は、三位一体論や神論、創造論などでは特に大差はないと言えるかもしれませんが、キリスト論、贖罪論などには微妙な違いを生じさせています。さらには律法の理解やイスラエル論の扱いではもっと大きな差になります。教会論や救済論にも差は出てくるでしょう。

わたし自身の立場は、既述のようにルター派、改革派のどちらに属するというわけではありません。神の意志決定を重視する点では改革派的でしょうが、キリストにおける神人の結合・統一を強調する点ではルター派的と思われるでしょう。しかし純然たるルターの立場も、改革派の立場も追求したわけではありません。なぜなら、福音主義的教会の理念としてむしろ「エキュメニカルな福音主義的自由教会」の理念に立っているからです。その中で自ずと敬虔主義の系譜も無視せず、むしろその真理契機を回復したいと願っています。この点が拙著『キリスト教教義学』とメソディスト教会の伝統の関係を語り得る基盤になるのではないかと思います。

プロテスタント・エキュメニズムの立場は、宗教改革そのものともまた古プロテスタント正統主義とも異なる「西方教会の第三の教会形態」としての敬虔主義的契機を加味した「禁欲的プロテスタンティズム」の線を継承するものと、わたしは考えています。エルンスト・トレルチやマックス・ヴェーバーによれば、そこにはピューリニズムや敬虔主義と共に、メソディスト派やバプテスト派も入れられるもので、その後のプロテスタント諸教派をも排除するものではありません。「禁欲的プロテスタンティズム」は、総合的な特徴把握を試み得る共通基盤であると思われます。福音主義の教会理念として、わたしは「宗教改革の精神」にのみ固執するのでなく、その後の展開を含めて、「福音による自由」「全信徒祭司制」「人格的倫理と教会規律」「伝道する教会」を重要契機として挙げました。この「福音主義」の提示の仕方は、日本で言えば植村正久が語った福音主義に近く、宗教改革の精神に特化した熊野義孝の考え方とは異なると思います。「プロテスタント自由教会」の立場においてメソディスト教会とも他の諸教派とも積極的な関係を持ち得るものと考えています。

以上のことは包括的な基盤として語ることですが、ここからもう少し絞って、わたしの教義学とメソディスト的伝統との積極的な関係を語り得るか、語り得るとするとどこでかをお話ししたいと思います。一つは救済論においてです。メソディスト教会の伝統が「聖化」や「キリスト者の完全」を強調してきたことはよく知られています。わたしはルター派神学が一般にするように、「教会がそれによって立ちもし倒れもする条項」として義認論に独一的な基準性を認め、その下で救済論を描くという立場を取りませんでした。また、起源の観点からは義認が第一で聖化は第二、目的の観点からは聖化が義認に優るといったカール・バルトの見方にも立ちませんでした。わたしは、神の活動を救済史的な起源、経過、目標のいずれの観点からも理解し、救済論もその起源的な面、経過的な面、完成・目標の面を包括する神の救済行為として理解し、その中で義認も聖化も理解するように努めました。義認も聖化も、それぞれに出発と経過と完成を持つという見方です。そしてむしろ「神の子とされる」ことに神の救済活動の総合的な内容を見るのがよいと考えました。人間の救済は神との交わりにあずかり、その命に生かされ、神の子とされることです。義認、聖化、悔い改め、新生、完全、栄化など、いずれも神との平和にあずかり、神御自身にあずかることを思いますと、義認が聖化に優るとか、新生がそれらに優るといった言い方はできません。そもそも神の本質である義や聖に優劣を語ることはできないからです。

わたしは「神の子とされる」ことに救済論の基調語を見出すべきと思っています。救いの総称は「神の子とされる」ことだからです。聖書は、旧約聖書、新約聖書を貫いてそのことを証言しています（ホセ二・一、マタ五・九、ヨハ一・一二、ロマ八・一四、一五、ガラ三・二六、四・五、エフェ一・五、Iヨハ三・一、黙二一・七）。ここにプロテスタント教会の救済論が全体として包摂されると思われます。救済論における「子とされること」の意味については、三〇年以上前の拙著『信徒のための神学入門』で、重要なこととして言及しました。それは聖書の理解からわずかに言及したのみですが、そのとき以来、わたしの心にずっとあり続けた注目点です。それが後に、パネンベルクの主張の中にもあることを知り、またある新約学者たちの理解にもあることに気づきました。

次に「伝道を語る教義学」という観点をメソディスト教会との接点として挙げることができると思っています。ウェスレーは「世界はわが教区」の標語的な表現によって、いわば「教区主義」と言うべき旧体制（中世のカトリック教会体制）以来の拘束的な区画を破り、教会の責任の中に「世界」を取り戻しました。この意図は、教会が教区と結合し続けた中世の「コルプス・クリスチアヌム」の体制を破った、あるいはむしろ「コルプス・クリスチアヌム」の崩壊に対応したものと言うことができるでしょう。それはまた眼前の既定の領域だけに目を奪われず、未知の領域にも目を注ぎ、伝道の責任の中に世界を取り込むものであったと言ってよいでしょう。ウェスレーたちの北アメリカ伝道は新世界の伝道であって、既存の教区に限定された責任意識の中では、問題にならないものでした。

キリスト教は東方から西方へと伝わりました。それに並行して「文明の西進説」があって、ヘーゲルの歴史哲学はこの見方を語っています。光は東方のオリエントから発し、西に向かって進み、ギリシアやローマを経て、ヨーロッパの全土に広まったという見方です。オランダのA・カイパーはこれを再度、キリスト教伝道の進行に重ね合わせ、キリスト教伝道がヨーロッパから大西洋を越えて北アメリカの東部に達し、さらに東部から西部へと西進し、太平洋を越えて、東アジアへと地球を西回りに進行したと語りました。その際、ヨーロッパから北アメリカ東部、そして西部へというキリスト教伝道を担ったのは、福音主義自由教会であって、決して純然たるルター派教会や改革派教会が主要な担い手であったわけではありません。一九世紀の世界伝道は、キリスト教全体の営みでしたが、その中でメソディスト教会は大きな役割を果たしました。

これに対し宗教改革と古プロテスタント正統主義に起源を持った福音主義の教義学は、適切な対応を取ることができませんでした。教義学の基盤である教会自体が久しく伝道、つまり福音の未知な地域への伝道を喪失していたことによって、教義学は伝道の位置を欠落させていました。教理としてのキリスト論はその本来のあり方としては、現に歴史を生きたイエス・キリストの事実を踏まえ、その事実の認識として語られるべきものです。その歴史のイエスが伝道の人であったことは、いろいろな観点から言い得る明らかな事実です。イエスの第一声は、「時は満ち、神の国は近づいた。悔い改めて福音を信じなさい」であり、彼の第二声は、「わたしについて来なさい。人間をとる漁師にしよう」です。またイエスが使命としたイスラエルの再建は、異邦人の祝福の基盤を整え、神の国の到来に備えて神の民を集め整えるためでした。マタイによる福音書が異邦の博士たちのイエス礼拝と復活後のイエスの伝道大命令によって福音書の枠組みとしたことは、異邦人伝道の基盤や起源としてのイエス・キリストを描こうとしたわけで、そのように描かれる理由はイエス御自身にあったと思われます。いずれにしても伝道に必須の位置づけを与えなかった従来の教義学は、カール・バルトも指摘したように誤りと言わなければならないでしょう。この点では、従来の教義学は教会の自己批判を遂行することができないままに来たわけです。

それではどのように伝道を語るべきでしょうか。わたしは教会の使命として礼拝に並列させて伝道を記しました。しかし他の方法も考え、教会論と並べ、しかも教会論に先行させて伝道を語る道もあるかと考えました。今後いろいろな試みがあってよいと思います。救済史的に言いますと、イエス・キリストにおける神の贖罪活動に基づき、神との平和・和解に人々を招き入れるために、そこに伝道がなければなりません。その伝道にはキリストの召しと派遣があり、聖霊の同伴がありま す。カール・バルトはせっかく伝道を回復する意図を持ちながら、まことの預言者であるキリストの証しの働きがあるので、キリスト者の伝道は「余分」で、「無くてよいもの」と言いました。神は人間の協力を必要としていないと言うのです。これは半分正しいけれども、あとの半分は誤っています。神が人間の協力を必要とするほど無力なお方でないことはそのとおりです。しかし神は人間を「神の協力者」にしてくださるほど豊かな方であることをバルトは言い表していません。それに聖霊が人間を神の協力者にしてくださることも語られていません。伝道の救済史的な理解や伝道における聖霊の働きをウェスレーがどう考えていたか、ここでお話しする準備はありませんが、積極的な発言を聞くことができるのではないかと思っています。

もう一つ挙げたいのは、世界の形成です。メソディスト教会の優れた点は「伝道」と共に「聖化」に心を向け、しかも個としての人間の内面の「聖化」だけでなく、「この世の生活の聖化」の中で神に仕えたことでした。「キリスト者の完全」の主張でも分かるとおり、自らの信仰生活の聖化に努めましたが、同時にさまざまな社会奉仕、教育や医療、その他さまざまな社会的な局面での奉仕を心がけました。そのためイギリスの産業革命が種々の混乱を生み出しながらも社会主義革命にならなかったのは、メソディズム運動が社会の矛盾と取り組んだからだと言われたほどです。オックスフォードでのウェスレーの「ホーリー・クラブ」の関心は、最初からキリスト者としての自分自身の聖化の問題だけに終始したのでなく、伝道と教育活動、そして種々の奉仕活動を伴い、周辺地域全体の聖化に向けられていたのではないでしょうか。彼らの一世紀前にはピューリタンたちの禁欲が「世界内的禁欲」であって、そのエネルギーは「この世の生活の形成」（A・カイパーはこれを the reconquest of the life of the world と言い換えました）に向かいました。メソディスト教会もまた「キリスト者の聖化」とともに「世界の聖化」に関心を向けたのではなかったでしょうか。この面はひと頃盛んに言われたウェスレーに対する東方教会からの影響などでは説明のつかない問題です。東方教会は、皇帝教皇主義のもと世界は皇帝の帝国に委ねられていたこともあって、おそらくは典礼や祭儀の文化的影響を別にすれば、いまだに教会の世界政策的な関心や奉仕を語ることはできない状態にいると言わなければならないでしょう。

伝道は、東方教会的な禁欲によって、現世拒否の形態で進んでよいとは思われません。伝道は世界を否定したり、世界を拒否するためではなく、世界をよりよく変えることと歩みを共にします。キリスト教伝道は、礼拝や祭儀と共に、キリスト教文化、さらにキリスト教的な社会形成の歩みと共に進みます。神の国が重大なのであって、神の国のまったき到来は、世界逃避や世界拒否の無世界主義ではなく、「世界の再生」を伴うでしょう。自由な伝道が推進されるためには、自由な社会が併せて進展しなければなりません。因習に支配され、習慣に拘束され続けるのでなく、魂も社会も福音によって解き放たれ、更新され、再生・新生することが期待されます。「自由な国と自由な社会の中で自由な伝道が行われる」。あるいは逆に「自由な伝道が自由な国と自由な社会を要求する」。それでわたしは、「救済論」と共に「神の世界統治」という部分を設けて、この問題を扱いました。メソディスト教会の賛成を得られるものと思っています。

最後に、この面にもう一言付け加えますと、ウェスレーの「キリスト者の完全」の思想と地上における「千年王国的な希望」は関連があったのではないかと思われる点です。一八世紀の偉大なプロテスタント伝道者たち、ウェスレーやホイットフィールド、ジョナサン・エドワーズたちの魂には、千年王国的希望があったと言われます。かつてリチャード・ニーバーがそれを指摘し、リチャード・ボウカムもそれを語りました。その千年王国はキリストの再臨による終末の王国（プレミレニアリズム、つまり千年王国の前に再臨があるという説）ではなく、それ以前の、キリストの再臨に先立つ、つまり最後から一歩手前の歴史における地上の国として構想された千年王国（ポストミレニアリズム、つまり千年王国の後でキリストの再臨があるという説）でした。それは、歴史の中でのその到来を目指して奮闘努力する目的的な事柄としての千年王国です。地上の歴史において達成されるポストミネリアリズムの千年王国の希望が、一八世紀の偉大な伝道者たちの信仰と神学にはあったと言われます。ウェスレーの場合、歴史的将来の中にキリストの勝利を目にするポストミネリアリズムと人生の中で達成される「キリスト者の完全」とは対応していたのではなかったかと思われます。この世の中で神の栄光のために積極的、挑戦的に生きることに「キリスト者の完全」と「千年王国的希望」との共通点があると思われます。魂の中にも世界の中にも、そのどちらにも、目に見えるキリストの勝利を仰いでいました。このことも、ほんの暗示的な仕方に限定してですが、『キリスト教教義学（下）』において付記したところです（一〇三四頁）。

今後、この面をさらに研究するならば、現代の教会にとって、また伝道にとって、そして世の更新や世の聖化に仕える生き方にとっても、学ぶことの多い豊かな鉱脈が潜んでいるのではないかと思っています。

V　伝道に仕える教義学

伝道を主題としながら、伝道する者のスピリットを問うのが、今回の修養会のテーマとうかがっております。それで「伝道に仕える教義学」についてお話しし、伝道する者の「敬虔」（パイエティ）についても言及したいと思います。現代の教会、とりわけ日本における教会の伝道状況は大変容易ならざる事態であり、この中で伝道のために何をなし得るかと問えば、さまざまな視点からの試みが可能でしょう。伝道の困窮状態の中で何をなし得るか、またなすべきか、いろいろな提言をさまざまな角度からいただく必要もあり、それを問う一大会議がとっくに回を重ねて催されていて当然の状況です。しかしそれにもかかわらず、この状況の中でようとして声無く、教団レベルでも諸教会のグループでも、これと言って特別な試みがなされているように見えない現状は、危機とはまさに静寂の中に沈滞することなのかと思わされます。その中で東京神学大学の全学修養会は当然掲げるべき主題を掲げて回を重ねており、今年も伝道のことを考え、それに備える準備を問うているわけで、実りある修養会を持てるように期待しています。話は当然、具体的な種々の伝道の方策やプログラム、その改善を含めて、いろいろな工夫や努力が語られ得ると思います。その中でわたしとしては、伝道の具体的な工夫や努力に関わる提題は他の方に譲って、伝道を神学的に思惟し、神学する者として伝道に奉仕しなければならないと考えています。神学とりわけ教義学をもって伝道に仕える者としては、教義学的考察を欠いて伝道を正しく理解し、その真意を実現していくことは不可能なことと思います。

1　伝道と神学

神学をもって伝道に奉仕することを考えると、それは神学の全貌に関わると言わなければなりません。そのうち「組織神学」を言えば、組織神学全体をもって伝道に奉仕する必要があります。例えば「キリスト教倫理学」も伝道を基軸に据えて熟慮される必要があります。キリスト者と教会がいかなる倫理生活を生きるかという問題は、福音信仰の証しを示すことであって、貧弱な倫理をもって、逞しく伝道することは、あり得ないでしょう。また、「キリスト教弁証学」は特に伝道の根拠に関わる学問と言ってもよいものです。しかし今日はとりわけ教義学による伝道の奉仕、つまりは「伝道に仕える教義学」の観点でお話したいと思います。それは特に教義学において、伝道の意味（伝道とは何か、何を伝道するか）が問われますし、教義学はそれを明示しなければならないからです。伝道の理由や目的（なぜ、何のための伝道か）の考察も教義学的営みの課題です。また伝道の可能根拠（どうして伝道が可能なのか）を明らかにするのも教義学的課題ですし、さらには伝道する者のあり様、信徒と教職者、伝道と教会の関わりなども教義学的に思惟することが求められるでしょう。伝道する人のスピリットの養成とそのための方策も、教義学的な考察抜きに正当に検討することは不可能でしょう。つまり、わたしは教義学の課題には伝道を思惟し、伝道論の展開によって伝道に仕えることが含まれていると考えています。そして伝道の方から言うと、伝道とはいったい何なのか、誰が何のために伝道し、なぜ伝道するのか、またできるのか。その内容はどう明確化され、伝道の慰めと喜びはどこにあるのか。これらすべては教義学的な思惟によって探求され、展開される事柄です。伝道は教義学によって理解を深められ、鼓舞され、強靭化されます。そうでなければならないと思うのです。

このことは「教義学とは何か」という定義とも関係しています。教義学は神とその御旨、御業を理解し、神の御名をほめたたえる教会の学です。神の御旨は神の御意志であり、神の御業はその御意志に基づく神の経綸の業です。御業は創造の業と共に救済の業であって、まったき完成に至る間に経過の時を持って遂行されます。その経過の時が救済史的な中間時であり、それが「教会と伝道の時」です。この点はさらに突き詰めて「救済史的中間時」が果たして「教会の時」なのか、それともむしろ「伝道の時」ではないかと問うこともできるでしょう。どちらにせよ「伝道する教会の時」であり、また「教会を通しての伝道の時」であると言うべきでしょう。前者であれば教会論の中で伝道は考察され、後者であればむしろ伝道論の中で教会が理解されなければなりません。わたしは今でも教会が伝道を包括するのか、それともむしろ伝道が教会を包括するのではないかという点で迷いを残しています。わたしの最近の著作『キリスト教教義学』では教会論、つまり「神の民」の教説の中で伝道を扱いました。いずれにしても教義学的に伝道を理解することが重要であって、伝道の内容と方向、その正しさや力付けは、教義学的努力を伴って示され、伝道の意味も力も喜びも、教義学によって明らかにされ得るものと思います。正当な伝道理解には教義学的思惟が不可欠であり、神とその御旨の理解、キリストと聖霊の理解、そして神の選びとキリストの召し、神の国と伝道、教会と伝道の関係など、教義学的な探究が必要です。「福音」「教会」「神の救済」「洗礼」などの理解を欠いて、伝道の理解は得られないでしょう。伝道のためにそれらの理解に携わる教義学を欠くことはできません。

2　教義学における伝道の「忘却」

話を先に進める前に、それにもかかわらず教義学が久しい間、伝道を忘れ、「伝道忘却」に陥っていたという事態を話しておかなくてはなりません。教義学は当然、伝道のことを思惟し語らなければならないのですが、驚くべきことに、プロテスタント教会の教義学はこれまで多くが伝道を語らずに来ました。プロテスタント教会の教義学の手本にされるルターの著作やカルヴァン『キリスト教綱要』でも、あるいは宗教改革期の重大な信仰告白であったアウクスブルク信仰告白からウェストミンスター信仰告白に至るまで、どれ一つも伝道のことを語ってきませんでした。つまり、いまだなお福音を知らず、福音が伝えられていない世界の諸地域に福音を告げる「異邦人伝道」や「世界伝道」のことは、教義学的に語られずに来たわけです。その後の福音主義神学の教義学にも伝道は出てきませんでした。つまりは皆、キリスト教をすでに受け入れた地域を前提にして教義学的な思惟に耽ったことになります。

このことは二〇世紀の偉大な神学者、スイスのカール・バルトが、プロテスタント教会の教義学における一大欠陥として指摘したことです。この欠陥の原因がどこにあったかということもバルトは合わせて指摘しました。それはヨーロッパのプロテスタント教会が実際問題として異教的な世界に伝道してこなかったことに原因があったというのです。つまりヨーロッパの教会は、一二、一三世紀にほぼヨーロッパ全土の主要な地域をキリスト教化して、その後本格的な伝道を忘れてきたわけです。プロテスタント教会が未開拓の異教の地に伝道することを課題として再発見したのは、実に一八世紀になってからのことでした。ジョン・ウェスレーの時代にアメリカ新大陸への伝道が起こり、一八世紀末にはイギリスのバプテスト派の宣教師ウィリアム・ケアリーがインド伝道に乗り出しました。その後一九世紀はキリスト教の世界伝道の世紀になり、イギリス、アメリカ、カナダのプロテスタント諸教会の諸グループがいっせいにアジア伝道に乗り出しました。日本の教会はそこから生まれたわけで、それゆえその出自から言って、伝道が教会の一大使命であることを初めから知らされ、それを常に課題として考えてきたわけです。しかし神学の中の神学である「教義学」は、どうしてもヨーロッパの神学に依存します。プロテスタント教義学は特にドイツ語圏で展開した神学から学ぶことを避けられず、教義学が伝道を語らない状態は続きました。教義学は神論や創造論、キリスト論や贖罪論、教会論や救済論を論じます。しかし異教的な地域での伝道は教義学構成の中にその場所を持ちませんでした。教義学は伝道を忘れ、神の御業の認識としては甚だしく歪曲されたものになりました。教義学者の中で伝道を語り出したのは一九世紀末のマルティン・ケーラーからであると言われます。

これに対し、聖書、特に新約聖書は、最初から中心的なこととして主イエスの伝道を語っています。マタイによる福音書二八章一八節以下には一切の権能を獲得した復活の主イエスが、「異邦人伝道・世界伝道の大命令」を発したと伝えています。しかしこの箇所を「伝道の大命令」の箇所として受け取ったのは、一八世紀末のウィリアム・ケアリーが最初であったとウルリッヒ・ルツは書いています。驚いてしまいます。教義学の偏向が聖書の読み方にも影響を与えたのです。

同様のことは新約聖書神学の中で「パウロの神学」を扱う場合にも見られます。ブルトマン学派の新約学者であったギュンター・ボルンカムのパウロ研究を見ますと、その伝記部分ではパウロが異邦人の使徒であり、伝道を欠いてその生涯は理解できないことが語られています。しかしその神学の叙述になると、なぜかパウロの律法理解や義認理解は語られても伝道（福音宣教）の理解は語られません。同様のことは、ヘルマン・リッダボスの『パウロ』（一九七五年）の中にも見られますし、他の新約研究者のパウロ研究でも同様ではないかと思われます。教義学が伝道理解を欠如したことが、新約研究にも影響を及ぼしたのではないでしょうか。

3　伝道はどこから来るか

それでは伝道はどう理解されるべきでしょうか。「伝道の大命令」を発したのは「復活の主イエス」とされていることを思いますと、異邦人伝道、すなわち世界伝道は、主イエス・キリストの「復活」から発したと思われます。つまり主イエス・キリストの復活の出来事によってエルサレムの原始教会が成立し、とりわけそのヘレニスト・ユダヤ人のキリスト者たちによって、復活のキリストの権威の下、異邦人伝道・世界伝道が開始されたと理解されます。パウロはまさしくヘレニスト・ユダヤ人でしたが、復活のイエスとの出会いによって「異邦人の使徒」とされました。伝道には主イエスの復活の出来事が重大な根拠になっています。その意味で伝道それ自体が、終末論的な出来事とも言い得るでしょう。復活のキリストは神の右に座すキリストと一つであって、神の大権を身に帯びたキリストであり、あらゆる支配・権威・勢力・主権の上に置かれ、すべてのものを足もとに従えます。この復活のキリストが一切の権能を帯びた仕方で異邦人伝道の根拠となり、すべての民を弟子にせよとお命じになりました。世界伝道は復活者である勝利者イエス・キリストを「根拠」にし、「神の国」のために進められ、ユダヤ人を越えて、すべての民を神の民にする働きとして推進されました。

それでは復活以前の生前のイエス・キリストは伝道と何の関わりもなかったのでしょうか。そんなことはありません。異邦人伝道はすでに生前の主イエス・キリストの御業として開始されていました。つまり主イエスの存在と御業のすべてに異邦人伝道は深く関連していたのではないでしょうか。「異邦人のガリラヤ」と言われた地域が主イエスの神の国の福音宣教の開始地であり、シリア・フェニキアの女もサマリアの女も主イエスに出会うことによって救いに入れられ、異邦人の百人隊長は、主の十字架のもとで「本当に、この人は神の子だった」と証言しました。

マタイによる福音書がその開始部分で主イエスの誕生を記した際、異邦人の博士たちによるキリスト礼拝を記し、その結語部分を復活のキリストによる伝道の大命令で結んだことは、主イエス・キリストと異邦人伝道との切り離し得ない「構成的な結合関係」を証言したわけで、その根拠はイエス御自身にあったと言うべきでしょう。「歴史のイエス」が行おうとしたことは、主としてイスラエルの再建でした。神の国のためにその民を備えること、そのために主イエスは一二人を特別に立てたことでも分かるように、契約の民イスラエルを再建しようとしました。しかしその再建の基盤に基づいて異邦人が神の救いにあずかるようにしたと理解されます。主イエスによるイスラエルへの福音の告知は、すべての民の祝福の基の再建であって、この主の御業と切り離して、主イエス・キリストを理解することはできません。主イエス御自身が異邦人の地に踏み込んだことも重大なことです。主イエスを異邦人伝道・世界伝道の開始者として受け取るべきであると思われます。この点でも、復活のキリストは歴史のイエスの秘義を顕わに示していると言うべきでしょう。したがってイエスをキリストと信じて、異邦人伝道に赴かないことはあり得ないことです。主イエスの福音は、神の恵みの支配である神の国がまことに身近に迫っているという福音です。その御国のために主イエスは神の民をその十字架の死による贖いによって備え、神の子たちとしました。主イエスは十字架にかかることで、十字架のキリストとして、彼自身が伝え、また弟子たちに伝えよと命じた福音の内容になりました。パウロによるとその福音によって異邦人は神の選びと契約に結び合わされます。この福音、その中に十字架にかかられた主御自身がいる福音を告げるように、イエスは弟子たちに命じたことになります。主の御命令に応えて世界伝道を推進することが、神の子とされた者たちの御国の到来を待つあり方になったわけです。

4　神学の「イエス離れ」を克服する

教義学において重大な問題は、いったいどこから神とその御旨、そしてその御業を知り、それを語ることができるかという教義学的認識の問題です。それは「神の救いの出来事から」であるとわたしは考えています。神の「啓示」はその神の救いの御業の中にあります。そして神の救いの御業とは、イエス・キリストが神から遣わされた人格であり、その御生涯において特別な仕方で語り、またこの上ない愛をもってさまざまな行為をなさったことを含んでいます。主イエスは、人々を身許に呼び、御自分の弟子となし、病人を癒し、罪人を赦し、徴税人や罪の者と共に食事し、その上で十字架にかかって死に、そして三日目に復活されました。それらの出来事は一連において総体的に神の一つの特別で、かつてなく将来にも二度となく、しかも過去に対しても将来に対しても効力を発揮する終末論的な救いの働きです。この歴史的な出来事の中に神の救いと共に神の啓示もあります。

神を知るのは、実は神から知られ救われていることを知ることでもあって、神を知ることとそれ自体が救いの中に含まれています。そして神を知ることなしにでは神との交わりも回復されず、救いを語ることもできないでしょう。こう考えることは何ら特別な主張ではなく、当たり前の考え方と言ってよいでしょう。これをわたしはイエス・キリストの出来事による「歴史的啓示」と呼びたいと思います。「歴史的啓示」は歴史のイエスとその言葉、行為、出来事における神の啓示です。この歴史の事実がキリスト教信仰の根拠です。イエス・キリストの事実が、キリスト教信仰と教会の確かさの根本にあり、一切の議論や解釈に優る「論より証拠」の事実をなしています。キリスト教のあらゆる解釈や精緻な理論は、この事実に根拠して初めて意味があると思われます。キリスト教信仰と教会は、人間の信仰や解釈や主張に立脚しているわけではありません。そうでなく「イエス・キリストの事実」に立脚し、事実として素晴らしい主イエス・キリストの秘義的な人格、まことにこの方は神であると言わなければならない人格と、卓越したその言葉、そしてこの上なく愛に溢れたその御業、そして空前絶後である十字架上の深き死と秘義的な復活の出来事に立脚しています。そこに神とその御心、そして神の愛と大能が啓示されます。主イエスの言葉や行為として証言されている大筋の基本的なことを、後の教会の創作のように言うのは、歴史学的に言って根拠のない誤りでしょう。キリスト教信仰は、単なる思想や神話や物語に基づくものではありません。聖書の証言や語りの核にある歴史におけるイエス・キリストの事実に基づく信仰です。この事実に深く根差すのでなければ、信仰は宗教的なファンタジーの幻影になり果てるでしょう。

歴史的な事実は当然、歴史学的な認識対象でもあります。しかし歴史学は相対的な真実やその蓋然性しか捉えられないのも事実です。それで二〇世紀の教義学は、多く、歴史的事実に関わる歴史学を避け、結果として「歴史のイエス」との関係を希薄にしました。「史的イエス」はどうでもよく、「ケリュグマのキリスト」が重大であるとか、イエスでなくともイエスのような人がいて、その人を存在させた存在そのものが「新しい存在」であるといった主張、あるいは歴史のイエスよりも歴史を越えた「原歴史」である御言葉の受肉が重大といった思想によって、二〇世紀の神学は歴史的相対主義からの逃れの道を見出しました。しかしその結果は「イエスなきキリスト教」とまでは言わなくとも、「イエス離れのキリスト教」になりました。しかし歴史のイエスから疎遠になって、どうして彼が命をかけて告げた神の国の近き到来の福音が鮮明に理解されるでしょうか。彼が御国のために人々を召し派遣したことも、隔靴掻痒、もう一つ鮮明に理解されないものになるでしょう。いったい、歴史のイエスから離れたケリュグマに何の意味があるでしょうか。復活の事実なしに十字架の意義性を語ったところで、主観的な価値判断とどう違うのでしょうか。歴史のイエスを透明化しながら新しい存在による実存の疎外の克服と言ったところで、主観的な言葉だけにならないでしょうか。歴史のイエスの存在の事実性が重大で、この方を指差して、この方に神の救いがあると信じることこそ重大であり、かつ肝要なことでしょう。

主イエスの福音の伝道は、神の国の近き到来に備えて神の民イスラエルを再度集め、普遍的な人類と世界を含めた神の契約の基として再建することに向けられていました。しかしこのことも歴史のイエスの事実と共に透明化や乖離や隔たりの向こう側に追いやられてしまいます。しかし「地上の主イエスと疎遠なキリスト教信仰」によって「敬虔」（パイエティ）が具象性を持ち得るでしょうか。地上のイエスの透明化は、具象性を希薄にするほかはなく、信仰を向けるお方を透明化させ、あるいはそのお方から乖離して、敬虔が豊かになるはずはないでしょう。これに対し、今わたしたちと共にいてくださる「復活のキリスト」が「歴史のイエス」、あの地上を歩まれた主イエスとまったくの同一人、同一人格であることを覚えたいと思います。そしてその「歴史のイエス」が主イエス・キリストであって、この主からの伝道への召しが与えられていることが重要です。このことを魂に深く刻むことから伝道のスピリットは湧くのではないでしょうか。

5　「わたしについて来なさい」との主イエスの言葉

主イエスは「わたしについて来なさい」と言われます。しかしそれは主イエスの第一声ではありません。伝道のことは、主イエスの第一声でなく、第一声は「時は満ち、神の国は近づいた。悔い改めて福音を信じなさい」です。そしてこれに続く第二声が「わたしについて来なさい。人間を取る漁師にしよう」です。第一声は神の国の近き到来を告げ、第二声はその関連で伝道を呼びかけます。そのようにして主は弟子を召し、神の国のための伝道に派遣なさいましたし、派遣なさいます。ですから伝道に仕えるということは、主の召しの声に聞いて、神の国の近き到来のために主に従って奉仕することです。

「主に従う」ということは、ヨーロッパの神学ではしばしば「主にならう」（imitatio Christi）と同義として解釈され、「聖化」に結びつけられ、「倫理的な服従」の意味で理解されました。しかし厳密に言えば、それは正しくはないでしょう。その意味も含まれるにしても、それは二の次です。まず第一は、主についていくのは、神の国のための主御自身の歩みについていくことです。それは主イエスの伝道の歩みであり、その道はエルサレムに通じ、ゴルゴタの十字架の死に至ります。十字架の死は神の国の近き到来と切り離し難く結びついています。主の召しは、わたしたちを主のものとし、神の子とします。パウロがキリストと共に死ぬことと理解したバプテスマは主の召しと結び合っています。「わたしについてきなさい」という主の召しは、まことに恵みの召しであり、主のものとして神の子とする召しですが、それがまたキリストの福音を世に伝えて主の伝道に仕えることへの召しです。伝道はキリストのものとされて、主イエス・キリスト御自身の伝道に参与させられることです。

伝道する主イエスに参与する者を、聖書は「神の協力者」と呼んでいます。パウロは自分たち、テモテ、マルコ、アリスタルコ、デマス、ルカを「神の協力者」（Ⅱコリ六・一、フィレ一・二四）

と呼び、プリスカやアキラ、その他エパフロディトをはじめフィリピの兄弟姉妹も「協力者たち」（ロマ一六・三、九、二一、フィリ二・二五、四・三）と呼びました。「神の協力者」と言ったからといって、神が御自身のニーズとして「協力者」を必要としているわけでないことは言うまでもありません。しかしなお、神は御自分に必要がないからといって、召しに応える者たちを協力者にしないようなお方ではありません。

6 カール・バルトの失敗

カール・バルトはまさに桁違いに偉大な専門的教義学者でした。彼は伝道に関して意図的な警戒心をもって、人間について語り過ぎないように、また語り足りなくならないようにと自分を戒めていました。少なくともそう心掛けながら彼が伝道のことを思索し、記述したことは疑うべきではないでしょう。しかし結果は、カール・バルトの教義学においては、伝道のすべてはキリスト御自身がなさっておられ、人間は「無用なもの」「余分なもの」にされています。つまりキリスト者が人として伝道に用いられることについて、バルトはあまりにも過少にしか語りませんでした。

第一に神との和解のことは、イエス・キリストの存在によって事実として存在論的に完成しているとされました。そのため原理的にすべての人はすでにキリスト者と見なされるとさえ言いました。バルトは和解をパウロのように救済史的に理解していなかったことになります。水の洗礼の救済的な意味も否定しました。パウロなら「キリストに代わってお願いします。神と和解させていただきなさい」と言います。この「キリストの使者の努め」は、バルトでは位置を持ちませんでした。

第二に、キリスト論的な和解の実在論的理解に次いで、それを知らしめるその証言についても、彼が言うところのキリスト論的に拘束されています。それによると、「真の預言者」であるキリストが「証しする方」として、外に向かっての和解の証言の務めもまっとうしていると言われます。ですから、主の弟子として生涯を捧げて伝道することは「余分なこと」になります。しかし、バルトのこの言い方は誤りであり、少なくとも不十分です。

カール・バルトが伝道するキリスト者の働きを語ることに失敗したのは、彼流のキリスト論的に貫かれた和解の存在論と認識論によってですが、それと他にもう一つの理由があったと思われます。それは、バルトによる神もキリストも、人間を神の協力者にすることを苦手にしていたことです。これは、彼が一方的な意味でのキリスト論的人間理解に終始して、聖霊論的な人間理解を欠いたことにも理由があったと思われます。バルトが不要とした「協力者」という表現は、聖書にはかなりの頻度で見られます。バルトはこれを意図的に無視するほかありませんでした。彼の教義学のこの部分を読んだら誰も命をかけて異教の地への伝道に赴こうとする人はいないと思われるほどです。バルトは典型的にヨーロッパの神学者であって、異教の地にある教会の神学者ではありませんでした。バルトにおいて伝道は回復されたとたんに、キリストの御業の中に解消されたと言うべきでしょう。

しかしバルトの理解とは違って、神はわたしたちが召しに応えて主イエス・キリストの伝道についていくことを喜んでくださると信じることができ、また信じるべきと思います。わたしたちがイエスの伝道、イエス・キリストにおける神の伝道に協力者として参与することを神は許し、キリストの召しによってお命じになり、聖霊によってそれを可能とし、御父と御子と御霊にあって喜んでくださいます。キリストの召しは、聖霊の執り成しによって遂行されます。神は確かにわたしたちの「協働」など一切必要とすることなしに救済史を進められるお方です。それどころか、キリストにあって、わたしたちの「反逆」にもかかわらず贖いの救済活動をしてくださいました。またわたしたちの「怠惰」にもかかわらず神は聖霊によって石ころからさえアブラハムの子を起こし、救済史を前進させることがおできになります。しかしその神が、キリストの招きをとおしてわたしたちを召し、そして派遣し、聖霊を注いで、わたしたちを神の協力者にしてくださいます。キリスト教教義学は、確かにキリスト論的でなければなりません。神はキリストにあって、わたしたちの離反や反逆にもかかわらず、わたしたちに代わって贖いによる救いの御業を遂行してくださったからです。しかしまた、キリスト教教義学は同時に聖霊論的でもあるべきです。御霊はわたしたちのために執り成し、わたしたちを神の伝道に参与させ、救いの歴史の前進に参与させます。教義学的に思惟して伝道の希望と喜びが喚起されないようなら、その教義学的思惟はどこか正常でないと言うべきでしょう。

7 教職者の意味

ルターが「全信徒祭司制」を語ったことはよく知られています。主イエスが真の祭司としてわたしたちのために執り成し、わたしたちの贖いとなってくださったことに基づき、イエス・キリストをわたしたちの「主」であるとともに、わたしたちの「師」とも仰いで、わたしたちも互いに祭司とされ、主の御業に基づきながら互いに執り成し、牧者が不在の折りには緊急の洗礼までも執行する用意を持つべきと主張しました。ただし、宗教改革期に言われた「全信徒祭司制」は教会内の相互の執り成しと奉仕の教えに止まりました。あるいはそれは、領主諸侯が信徒であっても祭司として、ローマ・カトリック教会の教皇や主教たちに抗して宗教改革の教会を支える任を負うための論拠とされました。しかしあなたがたは「聖なる祭司」であるという聖書の御言葉（Iペトニ・五、九）は、主の力ある御業を「あなたがたが広く伝えるため」と言われます。「全信徒祭司制」は、教会内の信仰者相互の執り成しを越えて、あるいは宗教改革の教会を外圧から守り抜くために責任を負うことを越えて、真の祭司である「主の業」を「広く伝える」ための証しや伝道になって、いまだ福音を知らない教会の外にまで歩み出るでしょう。宗教改革的な全信徒祭司制は、世界伝道の責任にまで拡大されるべきでした。全信徒祭司とは、全信徒がキリストの証人であり、全信徒が伝道する者であることを意味するはずです。

このことはしかし教職者の教会的職務を無用にするわけではありません。すべての信仰者の執り成しの業と祈りは、主の福音の証しと伝道に向かうはずです。そしてそのことは牧師・説教者という教会の職務を担って伝道者として立つ人を必要とし、信仰者のすべてが伝道する者であるように支え導く職務を必要としています。キリストの召しは、教会の職務への召しも含んでいます。彼は「ある人を使徒、ある人を預言者、ある人を福音宣教者、ある人を牧者、教師とされた」（エフェ四・一一）と記されているとおりです。「神の召し」により、そして「教会の推薦」によって伝道者・牧師が立てられます。今、教会の大問題は伝道者・牧師となる伝道献身者が著しく減少していることです。「わたしについてきなさい」と言われた主イエスは、「収穫のために働き手を送ってくださるように、収穫の主に願いなさい」（マタ九・三七）とも言われました。神はわたしたちが伝道の働き手を送ってくださるよう願うように命じておられます。「働き手を送ってください」との祈りは、どの教会の祈りにもなるべきでしょう。そして伝道献身者が起こされるための良い刺激は、神学生からも、いな神学生からこそ与えられます。伝道のために献身するか否かで迷いの中に誰かがいたら、ぜひその機会を証しの機会として逃がさない神学生であってほしいと思います。

VI　キリスト教は「世界」をどう取り戻すか
——救済宗教のakosmismを越えて

「キリスト教は『世界』をどう取り戻すか」という問いを立てました。これはとりわけ近代のキリスト教のテーマであり、さらに二一世紀の現代におけるキリスト教のテーマではないかと思っています。そして同時に、現代の世界自体にとっても重大な意味のあるテーマではないかと思います。

1

問題の説明のために、多少の歴史的な回顧をしてみます。一般に言われることですが、さまざまな問題について考え、しかも根本的に問題を考える場合、原理的に言って、三つの考え方があると言われます。それは、実在の根本を「神」と考えるか、「世界」と考えるか、それとも「人間」と考えるかの三つの考え方です。この区分自体がすでにキリスト教的な影響によって刻まれたヨーロッパ文化史を背景にしているとも言えるでしょうが、この区分を西方的キリスト教によるヨーロッパ的な時代史と結び合わせると、非キリスト教的古代の場合、「世界」（コスモス）を実在の根源としたのに対し、キリスト教的ヨーロッパ中世は「神」を、そして近代は「人間」を基礎にしたと言われるわけです。

この中でも人間を実在の根拠や存在論的基盤にすることは、実際には一番危ういと思われますが、そうした人間の特別な位置付けを行うことで、「近代」は出発したと考えられるわけです。この特別な人間の位置付け自体が、万物の中でとりわけ人間を特別扱いしたキリスト教の影響であり、その影響が世俗化した形で現代にその結果を見ているとも考えられます。例えばカール・レーヴィットなどはそのように考えていたのではないでしょうか。デカルトの「われ思う、ゆえにわれあり」の背後には、アウグスティヌスの『ソリロキア』(1)があったと言われることもあります。いずれにせよ近代には、人間を原理的な位置に置き、そこから神や世界を位置付けたり、さらには排除したりする傾向も出現しました。

この人間を原理とする立場は、一八世紀の啓蒙主義を経て、近代文化の脱キリスト教化の色彩を色濃くしていきました。この近代の中で「神、世界、人間」の関係がもう一度問い直されるのは、当然のことと言ってよいでしょう。この傾向の中でもキリスト教は「神が喪われた人間を捜し出し見出してくださった」(2)という救済の出来事の知らせを福音としていますから、人間への関心はキリスト教の中心近くにあるわけで、キリスト教が人間を喪失したとか、その「取り戻し」がテーマにされるといったことは、世界との関係喪失ほどには問題にされません。それは近・現代においても同様だと思われます。

ただし、人間の自由のために神を排除するという人間学的な自由のための無神論が、近代の中には出現しました。フォイエルバッハやニーチェやフロイトなどによって提出された問題で、そこには「無神論的な人間学的自由」の主張があると言ってよいでしょう。しかしこの流れに対しては、キリスト教の福音による自由の主張は、無神論的な自由の主張に対して少なくとも決して劣るものでなく、かえって人間学的自由の認識の未熟さやその限界を指摘することが容易です。福音から受け取る自由は、無神論的な自由を遥かに超えて、その限界を衝くものと言ってよいでしょう。もちろん「福音的自由か、無神論的自由か」という問いを改めて問うてもよいのですが、本日はこれ以上この問題には触れません。(3)

---

(1) アウグスティヌス『ソリロキア』(独白録)は、神と魂にのみ思いを向けて、それ以外を知ることを欲しない魂の独白を語るが、それは後の『告白』の冒頭の「あなたは、わたしたちをあなたに向けて造られ、わたしたちの心は、あなたのうちに安らうまでは安んじない」にまで通じていると思われる。

(2) 人間を探し求める神は、迷子の羊を探し求める羊飼いを語るイエスの譬え話に典型的に描かれている(マタ一八・一〇—一四、ルカ一五・三—七)。

(3) フォイエルバッハは、「神学の秘密は人間学である」とその無神論的表現を語った。しかしそれなら逆に「なぜ人間学が神学の秘密をなさなければならないのか」と問い得るであろう。さらに自由の問題は、罪や死の問題と関係しないわけにいかないであろう。

2

それでは「世界」の問題はどうでしょうか。近代の人間、つまり自ら実在の根拠に位置し、あらゆる認識の基準ともなった人間は、世界を神から奪い取り、あるいは世界から神を追放し、神なき世界を構想したとも言えるでしょう。「世俗的人間」と共に「世俗的世界」が近代の特徴になりました。この「世俗的世界」に対してキリスト教はどう立ち向かうか、それをキリスト教神学、とりわけキリスト教教義学（dogmatics）の責任として考えてみたいと思います。

それにしても世界からの神の追放、あるいは神からの世界奪取、つまりはキリスト教における世界の喪失という現象は、すでに中世に始まっていた面もあります。そのことは中世の公式的な終末論、つまり教会にあって一般的な「終末論」の中に明らかで、「終末」を世界の問題と切り離し、個人の生の終わりのこととして受け取る仕方で、「関心の狭隘化」が起きていました。この「関心の狭隘化」は、中世の終末論が世界の終わりを含む「神の国」の終末論を喪失していたことで明らかです。なぜ中世の終末論がダンテの『神曲』が描くように個人の魂の浄化のための遍歴の思想になったのか、おそらくは紀元三世紀初めのモンタヌス運動の挫折以後、「神の国の終末論」がいわば地下に潜ったことと関係があるでしょう。他方では教会と国家（ローマ帝国や神聖ローマ帝国）との連携が進み、「神の国の終末論」は非公式な分派運動のテーマとして民衆の意識の底流に潜むほかはありませんでした。[4] この意味ではキリスト教における世界の喪失はすでに古代末期、そして中世初頭には始まっていたということになります。

それにしてもキリスト教の世界喪失は、近代になって一層進んだのではないでしょうか。それを示す一つの事例として「理神論」(Deism)の神と世界の理解を挙げることができます。神は見事な時計細工師として世界を創造したと言われ、したがって創造された自然世界は、見事に作られた時計のように、以後まったく自動的に動き、神はいちいち手を加えることをしないとされました。理神論的な世界理解は、「慣性の法則」や「質量保存の法則」と合致していたわけです。神と世界のこの関係は、「ライプニッツとニュートンの論争」のテーマになりましたが、ライプニッツは結果的に理神論と同様な説を主張しました。ニュートンは一般に理神論者と見なされることが多いのですが、実際には違っていたと言われます。その後カントの純粋理性批判によって、世界の認識は人間の批判主義的な理論理性に委ねられ、そこから神の働きは排除されました。神の働きのある世界として自然の世界をどう回復することができるかという問いは、以後、キリスト教神学の課題になりました。この宇宙や地球、温暖化や環境問題に揺れる自然的世界は、神なき世界でしょうか。あるいは神は自然に対して創造以後も働いておられるのでしょうか。これは、キリスト教が「世界」

(4) この点を描いたものとしては、N・コーン『千年王国の追求』(江河徹訳、紀伊國屋書店、一九七八年)がある。

をどう取り戻すかという問題の重大なテーマを構成しています。キリスト教神学は「自然の神学」（自然を神学的に思惟する神学で、神認識を問題にしたいわゆる「自然神学」とは区別される）を試み、進化論との対話など豊富な自然科学との関係史を築いてきました。(5) この意味では、「キリスト教は『世界』をどう取り戻すか」という今日の問いに対して、「自然の神学」の取り組みによって世界を回復するという回答があり得るわけです。

3

キリスト教は、まず古代ヘレニズムの世界に浸透したわけですが、そのとき二世紀から三世紀にかけて、大きな神学的主題になったのは「創造論」でした。ギリシア的な「コスモス」の理解、その中に神々をも包括した「万物の永遠回帰」の思想、その哲学的表現である「汎神論」などを相手とし、キリスト教神学は世界とその中の万物を遥かに超越した神による世界創造、世界と万物の「無からの創造」（creatio ex nihilo）を主張しました。「無からの創造」は萌芽としてはすでに旧・新約聖書や外典の中に暗示されていましたが、世界を無から創造された有限な被造物として確定的に表現したのは二世紀のことでした。しかし今日、創造後の世界に対する神の行為、さらには世界の将来も問われます。キリスト教教義学は自然的世界を神の摂理や神の統治、そして神の国の終末論においてどのように考察できるかという課題に直面しています。「宇宙論的終末論」の可能性も問われますし、それ以前に「法則と偶然」の問題が問われ、法則の成立も含めて偶然に働く神が問われます。ライプニッツは神は世界の見事な製作者であるとして神を讃美し、初めの創造以後は自然界に働くことは神に相応しくないと考えました。これに対し、ニュートンはアレクサンドル・コイレによれば、世界の創造の後、単に被造物としての世界を「保持」するだけでなく、その遍在によって世界の内に臨在し、不断に世界に働き続けていると思惟したと言われます。(6) キリスト教教義学は、神学の中の神学と言われる学ですが、それには「継続的創造」(creatio continuata) という概念があります。これは、初めの創造の後にある「摂理」(被造物の保持、統治、協働を含む) を意味するともとられますが、そうでなく「無からの創造」のその後の継続とも解釈されます。「自然の神学」の中でニュートンの言う世界に働く神の認識をどう継承できるか、「継続的創造」という問題が興味深い問題になるでしょう。新しい事態の発生を捉えて、エネルギー保存の法則やエントロピーの法則では捉えられないものが宇宙には起きている可能性が問われるでしょう。自然世界にもまた「偶然」があって、重大な役割を果たしているのではないでしょうか。したがって自然もま

(5) 進化論をはじめ、自然科学とキリスト教の関係をめぐっては、テイヤール・ド・シャルダン、R・ホーイカース、A・R・ピーコック、T・トランス、W・パネンベルク、A・E・マクグラスなどの名を挙げることができる。

(6) A・コイレ『コスモスの崩壊――閉ざされた世界から無限の宇宙へ』(野沢協訳、白水社、一九七四年) における「仕事日の神と安息日の神――ニュートンとライプニッツ」二八七頁以下。

た一回性の中にあるのではないかと問われるでしょう。そして宇宙には始めがあり、また終わりがあるという宇宙物理学の主張が「自然の神学」にとって身近なものになるでしょう。教義学は神以外のすべてのものを被造物として理解し、それには始めと終わりがあると考えています。「偶然論」と「継続的創造」の関係が重大なテーマになると言いましたが、他にもまだ未開拓な状態ですが、「神の永遠」と「世界の時間」の関係や「神の遍在」と「世界の空間」の関係などが探求されなければならない問題になります。

4

「世界の回復」という問題は、自然的な世界の回復の問題だけではありません。「世界」（コスモス）という言葉は多義的で、自然的世界とともに人類の歴史的な倫理的文化的世界をも意味します。聖書は「神はその独り子をお与えになったほどに、世（コスモス）を愛された」（ヨハ三・一六）と語ります。「世」は「この世」、「現世」であり、「歴史的人類世界」でもあります。「国家」「社会」「文化」「経済」「芸術」「学問」「家族」「国際社会」「グローバルな世界」といった文化諸価値の諸領域の「世界」もまた当然含まれます。この世界が「世俗世界」として神と無関係にされ、あるいは価値的領域からの神の排除が起きています。これは啓蒙主義以後の特殊な時代問題でしょうが、とりわけ現代世界の問題と言うことができるでしょう。キリスト教はこの「文化、社会、諸価値領域」としての世界とどのような関係を取り戻すことができるでしょうか。

人間を原理的な位置に立てた近代において、自然世界が神の働きから切り離されたところに立っていた思想家がイマヌエル・カントとすれば、彼はなお倫理道徳の世界が神を要請することを語っていました。しかしやがて「文化価値の諸領域」も「世俗世界」としてキリスト教から切り離されていきました。そこに立っていた思想家は多くいますが、マックス・ヴェーバーもそれを認識した一人、しかも近代における宗教の宿命としてそれを甘受した一人ではなかったかと思います。そこで彼の問いかけに注目してみましょう。

5

ヴェーバーは現世世界の合理化と宗教の関係に注目し、両者の緊張や対立を問題にしました。彼は現世の「生活諸秩序」は、合理化が進めば進むほど、経済なら経済、政治なら政治、それら独自の論理によって合理化されると認識しました。こうして生活諸秩序・諸領域は、それぞれの活動を純化させ、各専門人の領域になっていきます。この領域が近代初頭に独自の領域として成立した際には、ピューリタンをはじめとする「禁欲的プロテスタンティズム」の「現世内的禁欲」が貢献したとヴェーバは認識しました。そしてそれがなぜ起き得たかとも問いました。ヴェーバーによれば、一般的にはインドやイスラムの救済宗教の達人たちは現世を拒否します。つまり神秘主義的な宗教的救済の達人たちは現世的世界を拒絶し、現世超越的な救済の中に入っていこうとするわけで、その意味で救済宗教は akosmism であると主張しました。救済宗教の akosmism は神秘主義による現世離脱の中に明らかに示されているように見えます。

それではいったいなぜキリスト教だけは少なくとも近代世界成立の時期に akosmism に陥らなかったのでしょうか。事実、ヴェーバーはそう問うています。ヴェーバー自身の文明史観ではキリスト教はすでに過去化したと見られ、文明の将来を決する必須の構成要素とは受け取られていなかったとわたしには思われます。彼自身は脱宗教的に合理化された世界が「鉄の檻」としてあって、その中でキリスト教的に生きることを選択せず、ひたすら専門人として自らの意志的価値選択を遂行して、死が無意味に化すのに耐えることも含め、悲劇的な決断に生きたと思われます。ヴェーバー自身を「精神なき専門人」（Fachmenschen ohne Geist）と言うことはできないでしょうが、「宗教なき専門人」であったことは明らかでしょう。ヴェーバーは、現世の改造に尽くしたピューリタン的な「現世内的禁欲」の歴史的な意味を誰にも優って理解しましたが、彼自身はその可能性を将来的には見ず、神秘主義的な akosmism の方が、人倫的社会を断念して心情主義に自己限定する現代の救済宗教のあり方であると見たように思われます。

しかし救済宗教が世界を回復し、世界との関係の中にあり続けることは不可能でしょうか。ピューリタニズムや「禁欲的プロテスタンティズム」がかつて現世生活を再編し、形成したように、キリスト教の生き方の中に現代の合理化した諸価値領域との関連を再形成し、そこに生きる意味や生の方向を修正しつつ再建することは不可能なことでしょうか。キリスト教教義学で言うと、救済論で「人格の救済——義認や聖化」を扱うのに並んで、「世界の更新や聖化」を回復することは不可能でしょうか。キリスト教における世界の取り戻しという課題は、「世界の更新や聖化」を思考することを含みます。世界もまたそれを必要としていないわけではないでしょう。

マックス・ヴェーバーのキリスト教理解は決して神学的なものではなく、いわば外からキリスト教を分析する宗教社会学的なものでした。その彼が「世界を超越した創造神」という神理解が宗教倫理に非常に重要な意味を持っていると『中間考察』(7)で語っています。その上で彼は「世界超越的な神が全くそれ自体として西洋の禁欲の方向を決定したわけでないことは、次のような考察から分かる」と述べて、キリスト教の三位一体論に言及しました。「キリスト教的三位一体の神は、その神人的救済者と聖徒たちとを伴っており、ユダヤ教特に後期ユダヤ教やイスラム教のアラーよりも、根本的にはむしろ世界超越的にはより乏しい神観念を描いた」(S.538)と言うのです。「根本的にはむしろ世界超越的にはより乏しい神観念」(eine im Grunde eher weniger überweltliche Gotteskonzeption)は、訳しにくい文章ですが、ヴェーバーの理解では徹底的に超世界的(überweltlich)な神からは人間のあり様として「無世界主義的」なあり方が帰結される、これに対し近代初頭に世界形成的な力を発揮したプロテスタント的禁欲は、キリスト教の神が決して一方的に徹底的に超世界

(7) M. Weber, Gesammelte Aufsätze zur Religionssoziologie I, Tübingen 1920, S.536ff.

的でなく、その点ではむしろより少なく超世界的であって、それゆえ逆に世界関係的にはむしろより優る神として理解されたことによります。超世界的な神の世界関係的な根拠を示す鍵概念を、神学者ではなかったけれども、当時のハイデルベルクの宗教史学派の神学者たちとの交流の中にあったヴェーバーは、「神の三位一体」に見出し、さらには「神の意志」に見たと言ってよいでしょう。それで彼は、ピューリタンの「達人宗教的」な歴史的活動を「神の意志に対する奉仕であった」(S.545) と語りました。「より少なく超世界的」というよりも、むしろ世界超越的であって、かつ同時にその意志において世界関係へと境界線を踏破する、その意味ではさらに一層超越的な神理解が、ピューリタン的世界形成的倫理の背後にあったと言い得るのではないかと思われます。いずれにせよその根拠をヴェーバーが「神の三位一体」や「神の意志」に見たことは、興味深いことです。

6

ヴェーバーに先だって西欧文化の中に akosmism が浸透するのを認識し、それを危険と見なし、その克服を図ったのは、オランダの政治家であり神学者であったアブラハム・カイパーです。彼は、akosmism はカトリックの修道士の現世拒否的禁欲からの遺産だと語り、それが宗教改革期に再洗礼派によってプロテスタント圏に持ち込まれ、その後の近代思想に弊害を与えたと言いました(8)。そこでカイパー自身は、世の隅々に及ぶ創造論的な神の「一般恩恵」(common grace) と各文化領域における神の「主権」（sovereignty）の思想に立脚して、akosmismを克服する道を提案しました。これは神の主権概念によって「文化と社会の神学」を立てるという彼なりの回答でした。この線上で彼はまた救済論においても「世界の聖化」を構想し、ピューリタニズムの「現世生活の再征服」（reconquest of the life of the World）の再興を構想しました。

ヴェーバーが語った「より少なく世界超越的な（キリスト教の）神観念」は、実はもっと積極的に真に超世界的であるゆえに世界との境界線を踏み越え、世界審判的でありつつ世界を聖化し、完成する神として理解されます。キリスト教信仰における神は、三位一体論的な創造者なる神ですが、同時にイエス・キリストと聖霊において世界との境界線を踏破し、世界へと到来する神です。超越的な三位一体の神において世界超越と共に、世界への到来が理解される必要があるでしょう。こうして世界の創造の意味でも、また世界への到来の意味でも、そして世界の完成の意味でも、

（8） A. Kuyper, Lectures on Calvinsm, 19. しかしこの見方には、むしろ再洗礼派の方がその「千年王国説」によって世界との関わりを表現していたのであり、かえってそれを排除した宗教改革者たちの方が「世界喪失」に陥っていたという反論も可能である。事実、カルヴァン『キリスト教綱要』なども「終わりのときの復活」や「来るべき生への瞑想」など個人的終末論の主題を記しているが、人類史や現世世界さらに宇宙などの終わりのことはまったく扱っていない。キリスト教史の中には、再洗礼派からピューリタン、その一人であるウィリアム・エイムズ、そこからコッツェーユス、さらにベンゲル、フォン・ホフマンへと辿られる終末論や救済史の思想史がある。

akosmism は否定されます。

「創造」は世界から乖離した神の超越的優越性を表現したのではなく、少なくともそれだけでなく、世界に対する神の関係意志（神の聖なる意志決定）によってもたらされました。創造によって世界と人間が創造されただけでなく、神と人間の関係も、さらには神と世界の関係も創造されたのです。人間存在の意味も、その世界関係の中で神への応答を示す仕方で示されました。神学、それも教義学で言えば、神の経綸の働きを自然的世界に対して語ると共に、文化・社会・歴史の世界に対しても語ることは、当然、可能です。キリスト教は神と人との関係の中に世界を引き込みます。カイパーはこれを、キリスト教は「教会において神を讃美し、この世において神に仕える」と表現しました。「この世において神に仕える」という仕方で彼は、akosmism でなく、ピューリタニズムの「現世生活の再征服」の継承を図ったわけです。

さらに言えば、ヴェーバーは、akosmistisch な救済宗教は、その同胞愛（Brüderlichkeit）も世界喪失のため「対象のない愛の無世界主義」（objektloser Liebesakosmismus）になると言い（S.543）、時代の宿命としてそれを肯定しました。

しかしキリスト教は対象のない愛を愛とは言いません。むしろ神の被造物への愛があり、それは神の人間愛であると共に、世界と万物への愛です。キリスト教信仰によれば、神は世界と万物から遥かに超越した神であるだけでなく、その神が御自身において一体的な御子と聖霊を世に派遣されます。神の愛と自由による境界線踏破と言うことができるでしょう。神の愛の境界線踏破によって、キリスト教的な「愛敵」（敵を愛する愛）や「兄弟愛」が対象喪失に脱落することはあり得ないでしょう。キリスト教神学は、時代の宿命によって宗教は無世界主義的な救済宗教になるという主張を拒否します。

7

世界には「歴史の恐怖」(9)があります。歴史の恐怖との取り組みには、当然、文化も経済も、生産力も精神も関係します。それでも特に政治の責任が大きいと考えられるでしょう。しかしその政治は現実においていかに愚劣かと思わされます。そしてこの認識が深まれば深まるほど、誰もが真面目な救済探求の果てに「世捨て人」になるほかはないと思うようになり、失意の akosmism に誘われるのではないでしょうか。

しかしキリスト教的な救済の探求は、教会で讃美する三位一体の神が世界超越的な神でありつつ、境界線踏破の意志をもって世界に踏み込み、世界に対し、また世界にあって働かれることを信じて、改めて神に仕えようとします。したがってキリスト教における救済の信仰は、世界拒否的ではなく、

（9） この表現は、M・エリアーデ『永遠回帰の神話——祖型と反復』（堀一郎訳、未來社、一九六三年）に見られる。

同時に現世世界の生活再建に向かうでしょう。神が世を捨てないのに、信仰者が「世捨て人」になるわけにいきません。イエス・キリストの世にある第一声は「神の国は近づいた」でした。神の国は個人の生だけでなく、神の民に関わり、天と地に関わります。その神の国、神の恵みの支配は、キリストにあってすでに到来を開始し、その全的到来が接近の中にあります。

そこで「キリスト教は『世界』をどう取り戻すか」という問いに対する回答が明らかになるでしょう。それはキリスト教が「真の神」を認識することによってです。つまり、三位一体の神とその神の聖なる意志、それに基づく神の創造とキリストと聖霊における神の世界への到来、そしてその救済、さらには終末における神の国の成就の約束、そうした神とその御業の認識によって、つまりはキリスト教を本来のキリスト教として再確立することによって、キリスト教は「世界」を取り戻すでしょう。そのことは、本来の人間が取り戻されるのも、中途半端なキリスト教の中においてではなく、本来のキリスト教の実現と共にであることと重なっています。本来のキリスト教の再確立に伴って、真の人間が回復されると共に、世界の聖化とその完成の希望が回復されます。キリスト教会はそう信じているし、信じるべきです。そのための学問として、キリスト教神学、とりわけ教義学が遂行されなければなりません。

Ⅶ　復活者キリストの死と苦難

キリスト教信仰によれば、現実は神が生きて働く現実です。人生は神が共にいます人生であり、世界は神が生きて働く世界です。この現実理解は、当然、神を世界から排除した実証主義や科学主義が認識する現実とは異なるでしょう。もう少し広く言えば、啓蒙主義以後の近代人が多く考える現実とは明らかに異なると言い得るでしょう。神共にいます現実はまた復活者キリストが現在する現実と言い変えてもよいと思います。復活者キリストは、単に過去的ではなく今日の実在として、わたしたちと共におられ、今日の現実を規定しています。また復活者キリストの命もその大権（マタ二八・一八、エフェ一・二二）も、神の霊によることですから、復活者の現実は神の霊による霊的現実とも言わなければならないでしょう。それは霊によって浸透され、霊による信仰によって認識され、霊によって参与される現実であって、その現実の認識は、実証主義的な科学の認知を越えています。しかし復活の出来事がそうであるように、復活者キリストの現実は実証的科学の認識する現実と単に二元論的に隔絶していると理解することはできません。復活の出来事は歴史の中に起き、歴史的認識の対象世界に起きたからです。復活者キリストの現実は、歴史的かつ霊的な出来事として、歴史的に認識し得る現実との不可分な結合においてあります。キリスト教信仰はこの現実の認識に関わるのであって、グノーシス主義的な霊と肉との二元論的分離の現実理解やギリシア哲学における現象と実在の二元論的乖離によるイデアの実在の認識とは異なると言わなければならないでしょう。

1　復活者キリストの現在と救済史的な二重性

ところで復活者の現実は、一方では十字架の死と三日目の復活の歴史的出来事によってすでに勝利と栄光の現実でありながら、他方では将来の神の国の到来の約束によって示されるように、いまだそれ以前の苦難や死との戦いの中にあります。すでに復活による勝利にありながらいまだ完全な御国の到来以前の試練の中にあります。そのことは、救済史的な「すでに」と「いまだ」の二重性の中にあることを意味します。神の勝利と栄光にすでに参与しながら、いまだ試練と苦難の中にいて、神の勝利と栄光のまったき到来を待ち望んでいるのが、今日の復活者キリストの現実であり、その意味で復活者キリストの現実は希望と忍耐の時の中にあるとも言い得ると思われます。

人類の経験は、歴史と人生において、苦難と死、試練と戦いの中にあります。キリストにあってその福音のために戦うキリスト者もまた、人類と共に死と苦難、試練と戦いの中にあると言わなければなりません。キリスト者は「キリストにあって」すでに復活者キリストの勝利と栄光にあずかりながら、復活者キリストがキリスト者の試練と戦いの中にその大権をもって現在化すると言わなければならないでしょう。キリスト者はキリストにある信仰によってこの二重の緊張を持った復活者キリストの現実にあずかることができます。

人類の経験は平和と無風状態にある場合にも、その平和や無風の状態は神の国のまったき到来以前のことです。それによってその平和も神の平和ではなく、偽りを抱えています。復活者キリストはその現在化によって、その偽りを明らかにするでしょう。世にあっては悪の支配のもとに偽りの無風状態が経験されることとは、日常茶飯事のことです。昨今のロシアや中国の国内的平和がそうであるように、独裁的な支配は常に足もとの無風状態を必要としています。それゆえ真相を隠さなければなりません。この意味で独裁者は常に嘘つきであり、偽りの平和を語りたがる偽預言を歓迎すると言うことができるでしょう。

復活者キリストの現実は、復活者キリストの現在化によります。そしてそれは救済史的な二重性にある中間時を構成します。わたしたちは一方で、キリストの勝利と神の栄光にすでにあずかっていると語ることができ、またそう語らなければなりません。しかし同時に他方で、いまだある苦難と死、それゆえの試練に対して共にある復活者キリストの現在を語らなければならないわけです。復活者の復活の命と栄光とがすでに共にあることを語る（エフェ二・五、六）とともに、復活者キリストの苦難と死をなお語り、栄光の命の約束を語らなければなりません（フィリ三・一〇、二一）。

2　復活者キリストの苦難

復活者キリストの復活を語ることと将来の復活の命への参与の約束を語ることは、ある面当然のことと思われます。それでは復活者キリストの死と苦難を語ることはどのようにできるのでしょうか。キリストは復活された後もなお死と苦難に遭うのでしょうか。あるいは復活者キリストの苦難が、復活に至る以前の十字架の苦難と別の苦難としてあるのでしょうか。

復活者キリストの苦難について語る聖書の箇所としてフィリピの信徒への手紙三章一〇節があります。パウロは言います。「わたしは、キリストとその復活の力とを知り、その苦しみにあずかって、その死の姿にあやかりながら、何とかして死者の中からの復活に達したいのです」。ここに言われる「その苦しみにあずかって」というのは、復活者キリストの苦しみでしょうか。それはそうに違いないが、その苦しみは復活者の現在における苦しみでしょうか。もしそうなら「その死の姿にあやかりながら」とあるのは、復活以前の十字架における死ではないのでしょうか。それともそれとは別の復活者の死を語らなければならないのでしょうか。

この問題について、新約学者たちは一様に「交叉的構文」（キアスムス）の記述方法が採用されていると語ります。つまり、キリストの復活が語られ、それから時間を遡ってその苦難と死が語られ、それへの参与が言われ、次いでキリスト者の死から再び将来的な復活へと話が移る。復活→苦難＝

死→復活へと進むこの構文は、復活(a)、苦難(b)、死(b)、復活(a)として、ａｂｂａのキアスムスと言われるわけです。そうだとすれば、ここでの「苦しみ」と「死」は復活後のキリストが受ける別の苦しみや再度の死ではなく、復活以前に受けた十字架の、あるいは十字架に向かう苦しみと十字架上での死のことです。

しかしそれでも、その死と苦しみにキリスト者があずかること、その死と苦しみとのキリスト者のコイノニアが語られます。それはキリスト者の現在に起きるキリストの過去的な苦難と死への参与とも言い得るでしょうが、それはまたキリストの過去的な苦難と死の現在化とも言い得るのではないでしょうか。いずれにせよキリストの苦難と死との同形化に達することが語られ、キリストの十字架の苦難と死は、単に過去化されたものではないものとされています。キアスムスの構文の根本には、ａｂｂａが単に現在(a)→過去(b)＝過去(b)→現在(a)ではなく、現在(a)→過去的現在(b)＝過去的現在(b)→将来的現在(a)として、実在的な交叉をもって存在すると言うべきでしょう。

さらに言うと、「その苦しにあずかって」は、過去的な苦難への現在的参与とも理解できますが、それが可能なのは過去的な苦難の方からの現在化があるからと考えるべきではないでしょうか。そうでないとキアスムスが成立し得る根拠は人間の現在的参与に根拠づけられなくてはならなくなるからです。しかし人間やその信仰が、時間的また空間的な隔たりを越えて、既に過ぎ去ったものへの参与の力を持っていると語ることとは、人間に時空の隔たりを越える超時空的な力を認めることになって、はなはだ不合理なことと考えられます。死についても同様であって、人間が時空を越えるのではなく、キリストの死という過去的な事態がキリストのゆえに単なる過去でなく、現在化する力を有し、現在化する過去としてのキリストの十字架の死に現在の人間が参与する、と考えるべきではないでしょうか。そこにイエスの秘義が関わっており、この方がまことに人であると共に、御子にいます神であると言われなければならない理由があります。

そしてそのような参与が生起する場として「洗礼」が考えられるでしょう。いずれにしてもキリストの苦難と十字架の死は、単純に過去化した出来事として現在と無関係な世界へと廃棄されたのでも、消失されたのでもありません。キリストの苦難と死は、過去化する時間の流れを越えて、現在にその力や意味を発揮します。それは秘義的なキリストの人格により、その人にして神、神にして人と言うほかない人格であるキリストの苦難と死であるからと言い得るでしょう。それはキリストの苦難と死とが神の業であるからとも言い得るでしょう。またキリストの人格の秘義は復活者キリストによって示されていると言うことができます。そしてその現在や現在化は世の終わりの時までを効力の射程に収めています。そういう出来事を終末論的な出来事と呼ぶことができるでしょう。キリストの十字架の苦難と死はそうした終末論的な出来事でした。それが復活者の現在において現在化された苦難と死の意味と思われます。

3 キリストの死と復活と洗礼の意味

パウロは洗礼を語って、「わたしたちは洗礼によってキリストと共に葬られ、その死にあずかるものとなりました」（ロマ六・四）と言います。キリストの十字架の死は洗礼によって現在化するという言い方です。パウロが言うキリストの十字架の死がキリスト者の洗礼において現在化するという語りには、その根底に、イエスの死そのものが洗礼と呼ばれ、洗礼と結びついて理解されたことがあったと思われます（マコ一〇・三八、ルカ一二・五〇）。キリスト御自身の十字架の死が洗礼と結びついてあることが先行しなかったならば、キリスト者の洗礼によってキリストの死と結合することはあり得なかったでしょう。イエスの十字架の死が洗礼と呼ばれ、イエスの洗礼と一体であったことにより、キリスト者の受ける洗礼も、キリストの洗礼に連なり、それによってイエスの十字架の死と結びつけられ得たと思うのです。こうして洗礼においてイエスと一体になって共に死ぬというパウロの語りは根拠ある語りとなりました。

またさらにそれに基づいて、洗礼によってキリストの復活に将来的にあずかれるだろうと語られました。「それは、キリストが御父の栄光によって死者の中から復活させられたように、わたしたちも新しい命に生きるためです。もし、わたしたちがキリストの死と同じ状態になったとすれば、復活についても同じ状態になるでしょう」（ロマ六・四、五）と言われます。パウロにおいては「キリストと共なる死」は現在でしたが、「キリストと共なる復活」はなお将来の約束でした。こうしてキリストの死と苦難は、復活者キリストにより、またキリストにある洗礼によって、キリスト者の現在となります。それにしてもキリストと共なる復活はパウロにとってはなおキリスト者の将来の希望でした（フィリ三・一〇）。しかしやがてコロサイの信徒への手紙やエフェソの信徒への手紙によれば、「洗礼によって、キリストと共に葬られ」たように、「またキリストと共に復活させられた」（コロ二・一二、エフェ二・六）と同一の現在化によって語られます。洗礼によってキリストの死にあずかるとともにキリストの復活の命に、今、現在あずかることが強調されます。

その際、アイオーンを転換させる終末論的な力はどこにあり、またどこに根拠を持ち、どこから発現するのでしょうか。洗礼がキリストと共なる復活という終末論的生を引き起こす理由は、洗礼そのものにあるのでしょうか。それよりもむしろ洗礼によってキリストと共なる死を死ぬことに基づき、共なる復活の希望の現在化にあずかることによると思われます。その復活の命の現在化は洗礼による終末時的なものの先取りというよりも、洗礼による復活者キリストとの一体化の中に現在化されます。そして復活のキリストの終末論的な力として語られます。

キリストの死と復活の中で、すでにアイオーンの一大転換は起こされました。つまりキリストの十字架の苦難と死、そしてその復活は、終末論的な出来事であり、そのようなものとして救済史における一大転換、アイオーンの転換を引き起こしました。それはまた神の勝利と栄光の時の開始を意味しました。そこから規定された現実が救済史的中間時であり、その現実の中に復活者キリストが洗礼にあって共なる方として現在化します。それによって受洗者は復活のキリストとの一体化の中でその死と復活の命にあずかることができます。イエス・キリストの十字架の死と死人の中からの復活が終末論的なアイオーン転換の実在的な根拠であって、それなしに洗礼が将来の復活を現在に先取りすることはできないでしょう。洗礼によって終末論的事態にあずかることのできる根拠も復活のキリストとの一体化によるわけです。イエス・キリストがご自分の死を洗礼と結合し、三位一体の神が十字架にかけられ死に至った方を復活させ、その復活者が洗礼において現在化されます。それによってキリスト者はキリストの苦難と死にあずかることができます。

4　もう一つの聖書箇所——使徒言行録九章四、五節

復活者キリストとの出会いは、パウロにとって劇的な人生の大転換をもたらしました。ガラテヤの信徒への手紙の中では、それは「神が、御心のままに、御子をわたしに示して、その福音を異邦人に告げ知らせるようにされたとき」（ガラ一・一六）と描かれています。そのときパウロは、血肉にも相談せず、エルサレム教会にも行かず、ただちにアラビアやダマスコでの伝道に取り組んだと言われます。パウロによれば、復活者キリストとの出会いは、「福音」との出会いであり、その福音は「十字架につけられたキリストを宣べ伝える」こと、それはまた「神の力、神の知恵であるキリスト」を宣べ伝えることでした（Ⅰコリ一・二三以下）。パウロは復活者キリストとの出会いによって、キリストの十字架の福音を受け取り、また伝えたわけです。

パウロにおける復活者キリストとの出会いはまたフィリピの信徒への手紙によれば、それまで自分の救いにとって有利と思っていた「割礼」も「ヘブライ人の中のヘブライ人であること」も、

「律法の義」も「熱心さの点で教会の迫害者であること」も、他の一切のものも「損」と見える大転換でした。復活者キリストとの出会いは、救いに向かう益と損との価値判断の上で、まったくの転倒を引き起こすものでした。そこで得た「わたしの主キリスト・イエス」を知ったことは「あまりに素晴らしいもの」であって、それが「キリストを得る」こと、そして「キリストの内にいる者」とされたことでした。

この一大転換を引き起こした復活者キリストとの出会いを、使徒言行録はダマスコ途上のパウロを襲った経験として語ります。その内容は、復活者キリストの臨在に撃たれたことですが、その現実の中で復活者イエスの言葉は「苦難」を語ります。「サウル、サウル、なぜ、わたしを迫害するのか」「わたしはあなたが迫害しているイエスである」。使徒言行録は、弟子たちが受けている迫害をご自分のこととする復活者イエスを告げます。復活者イエスは、御自分のために弟子たちが受ける苦難に自ら参与するというのです。さらに言うと、「なぜ、わたしを迫害するか」という言い方は、弟子たちの苦難に参与する以上に、イエス自身と迫害による苦難との一体性、苦難を我がこととする復活者が表現されています。復活者イエスは弟子たちのその苦難を御自分の苦難として引き受け、奪取しているとも言えるでしょう。復活者キリストの苦難は、弟子たちの苦難に参与する以上に、それを自らに奪取し、それを代理します。復活のキリストによる福音は、キリストの十字架の苦難と死による人間の罪の代理的贖罪であり、人間の苦難と死の奪取の福音です。それによってイエス・キリストの復活を授与する福音であり、「キリストとその復活の福音」とも言われます。

5　復活者キリストの苦難

以上のような考察を経て、復活者キリストの苦難を言うとき、復活者キリストの苦難は、キアスムスによって記されている意味において復活前のキリストの受難であり、その十字架の死です。それが歴史のイエスとの復活者キリストの同一性において現在化されます。キリスト者は復活において現在化された復活者キリストの苦難と死、つまりは歴史のキリストの十字架の苦難と死にあずかります。それはとりわけ洗礼をとおし、霊の力によってです。しかしまた礼拝において、御言葉を聞くことを通し、また主の晩餐にあずかることによってです。復活者キリストによって、その十字架の苦難と死は運ばれ現在化するとも言い得るでしょう。こうして復活者キリストの苦難は復活前の受難と十字架の死として語られ、同時に今ここでの現実となります。復活のキリストによって歴史のイエスの秘義が明らかになり、かつまた現在的な実在になるわけです。

トマスに現れた復活の主イエスの脇腹には十字架で受けた槍の刺し痕があり、その手には十字架の釘痕があったと言われます。復活者キリストは御自身の苦難と死として十字架の苦難と死を運ぶと言い得るでしょう。

それと同時に弟子たちの苦難と死のあるところ、それを代理的、奪取的にわが苦難としわが死とする復活者キリストの苦難と死があります。そうすると復活者キリストの苦難と死は、復活前の十字架の苦難と死と復活後の弟子たちや人々のための苦難と死、その二つの苦難と死と考えるべきではないでしょうか。しかし、十字架の苦難と死と一体の苦難と死でなければ、それは真の苦難と死とは言い得ないでしょう。それとは別の苦難と死にどれほどの意味があるでしょうか。ゴルゴタの十字架の苦難と死以外の苦難と死にはそれほどの意味があるとは言えないと思われます。二つに見える苦難と死は実は一つに結び合わされています。主の十字架と関連し、それと一体的であることによって、その苦難・死は深く真実の苦難・死となります。人間の受苦能力には限界があって、その意味では人間がその身に帯びることのできる苦難は限られており、人間が負いきれない苦難と死があると言わなければならないでしょう。十字架のイエス・キリストはそのような苦難と死を負われました。イエス・キリストの苦難と死とは、人を神の国の到来に備えるため、到来する神の国に備えてそこに入れるためのものでした。その苦難と死とは贖罪論的なもので、御国への参入にとって欠くことのできないものでした。その贖罪論的な苦難と死とが復活者キリストによって身に負われ、現在に運ばれています。復活者キリストはその十字架の死を負いつつ、人間の罪と悪とによる苦難を奪取し、包括し、贖罪論的な苦難と死とを運んでいます。

6　イエス・キリストの死の意味

これまでイエス・キリストの十字架の苦難と死に終末論的な救済の出来事を認識し、その出来事に各実存と人類史上のあらゆる苦難や死に対する包括的な代理を認識することを語ってきました。それゆえまた洗礼によってキリストの死にあずかり、キリストと共に死ぬことの救済的な意味についても語ってきました。それではキリストの死の救済的な意味とは何であり、その終末論的な意味や包括性の根拠はどこにあるのでしょうか。そうした救済的な意味を持った死は誰の死にも語れるものではありません。しかし、キリストの死には救済的で包括的な力があると主張されます。そうしたキリストの死の独一性の根拠は何でしょうか。そこに「本当にこの人は神の子だった」(マタ二七・五四)の証言を結び合わせることはできないでしょうか。イエス・キリストの十字架の死、その意味と力を、イエス・キリストがマコトニ神・マコトニ人である位格的一致の秘義から語ることは成り立たないことではないと思われます。そのときキリストの死の出来事がそのままで救済的な意味と力を持ちます。同時にその死は、子にいます神の死という問題になって、「神の死」がテーマとされるでしょう。

これに対し、W・パネンベルクは以下のように述べています。「イエスの死によって死からその力、つまり神から引き離す力が奪われている」と。パネンベルクはこの点にイエス・キリストの死の意味と力を見ています。しかしなぜ「イエスの死」が「死の力」を削いだと言われるか、その理由が重大でしょう。パネンベルクは言います。それは「彼の復活によってイエスは御自分が神との結合の中にあることを神から証明された。それゆえ彼の死は彼を神から分離しなかった。神はイエスの十字架の死においてさえ御自身とイエスとの交わりに固執することによって、死は神から引き離すその力を失った」と。つまり、死の力を奪ったのは、イエスの死そのものではありません。そうでなく、「神とイエスの交わり」が働いて、神から引き離す死の力に抗ったことによります。つまり「神との結合」が死に抗したわけです。そしてそれを証明するのがキリストの復活だと言われます。そこでパネンベルクは、「神自ら、その永遠の命と死の世界の区別を無視した」と言います。しかしこのことは、「神自らが死んだことによってではない」とも言われます。したがってパネンベルクでは、キリストの死そのものの勝利的な意味も、死を引き受けたキリストの命そのものの勝利も語られません。パネンベルクはしたがって「神の死」を語らず、「御子なる神における死」も語りません。彼によると、そうした語り方は「転倒された単性論」を示し、「それはもっぱら絶望か、あるいは言うところの神の復活としての人間の自己神化に導くことができるだけである」(Grundfragen systematischer Theologie, Gesammelte Aufsätze, Bd. 2, 1980, 178からの引用) と言われます。パネンベルクのこの理解では、人間もまたイエスのように神との結合の中で死ぬことができる、そしてそれが、それだけが、死における救済になるということのようです。

問題は「神との交わり」が死の中でも持続するということに対して、イエスの死が何か不可欠な契機をなしているかどうか、ということです。復活の中で神との交わりが神から分離する死の力に打ち勝ったと言われても、イエスの死が「神との交わり」を構成的に形成しているとは言われません。死は何らイエスの死によって変えられたわけではなく、人間はイエスと共に死ぬとも言われません。パネンベルクによればイエスにおいて神性が死を受け止めたわけではありません。つまり、神との結合が死の力を削ぐとは言っても、三位一体の神の中に死が取り込まれたわけではありません。その意味では、死からその力つまり神から引き離す力が、キリストの死によって奪われたわけでもありません。パネンベルクは「イエスが死ぬことによって死から力、つまり神から分離させる力が奪われた」と記していますが、「なぜならば彼の復活によってイエスは神との結合の中にいることを神自身から確証されたからであり、それゆえ彼の死は彼を神から分離しなかった」のであると言うだけです。

しかし「神との交わり」が死の分離させる力に対抗するということは、復活による明示があるなしにかかわらず、三位一体の神の内にはあることでしょう。パネンベルクのこの理解では、重大なのは神との交わりだけで、キリストの十字架の苦難と死は、死に対して何の影響も与えていないのではないかと思われます。これでは、キリストの十字架の苦難と死が、他の人の苦難と死を代理し、奪取し、包括するとは、とても語られていないことになります。誰でもの死ではなく、イエス・キリストの独自の死を理解しているとは思われません。

われわれはキリストと共なる死を死ぬことによって、神から分離させる力を奪われた死を死ぬことができるのではないでしょうか。死の力である神から分離させる力を奪ったのは、十字架にかけられたイエス・キリストが御子なる神であったからだと思われます。それによってイエス・キリストにおける神の愛から死もまた分離させることができないことが明らかになりました。キリストを主と仰ぎ、キリストのものとされ、キリストと一つにされた者は、何ものも破ることのできないキリストにある神の愛の中に置かれ、その愛の結びつきを死もまた破壊するができないと受け取ります。結果として死はキリストにある神の愛、愛にある神との結びつきをただ輝かすことができるだけです。それゆえ「死もまた益である」（フィリ一・二一）とも言うことができます。パネンベルクが言う「転倒した単性論」とか「人間の自己神化」といったことは、十字架にかけられた御子なる神に対して何ら当てはまるものではないでしょう。

Ⅷ　イエス・キリストの生涯と十字架

渡辺善太の説教の中に「わが過去を踏み直したもうイエス」という説教があります（渡辺善太『わかって、わからないキリスト教』ヨルダン社、一九七五年、六五頁以下）。マタイによる福音書二章一三節以下による説教で、特に「それは、主が預言者によって『エジプトからわが子を呼び出した』と言われたことが、成就するためである」に注目した説教です。そして「神は幼子イエスをわざわざエジプトにやって、イスラエルがかつて踏んだ〔「踏みそこなった」とも渡辺は言う〕道を、幼子に踏み直させた」と語りました。その上で、ことはイスラエルのみでなく、われわれにも及ぶとして、「この言葉が私どもクリスチャンに何を意味するかということを、私は皆さんに考えていただきたい」と言います。そして「キリストの贖罪とは、ただ赦されるということだけじゃない。自分が誤って踏んできた道を踏み直すことだ。私をなやました過去のあのことこのことが、イエスに『踏み直して』いただける」と語りました。

渡辺善太の着想に富んだ説教、優れた説教と言ってよいでしょう。それと同時に、語られた主題は、イエス・キリストの「生涯」の意味をイスラエルの回復という文脈で語るとともに、それに基づきながらわれわれ自身の人生の完成の文脈においても重大な意味を持つこととして語って、教義学的にも重要な示唆を与えている、とわたしには思われます。

通常、「受肉」はイエス・キリストの誕生と重ねられます。しかしイエスは「誕生」しただけではありません。誕生して十字架にかかったというだけでもないのです。そうでなく、その「生涯」を持って、地上の人生を歴史のイエスとして生きました。そしてそのことには意味があるわけです。神が御子に「地上の生涯」を与えたことは、それなりの意味があることと理解しなければなりません。通常、神学はイエス・キリストにおける御言葉の受肉、そして「十字架」と「復活」を語ります。しかしそれだけであってはならないでしょう。イエス・キリストには「生涯」もありました。その存在は、生涯の日々、あるいは日々を持った生涯でもありました。したがって、十字架上の死者としても生涯を持ち、また復活者としても生涯の主イエス・キリストとの同一性にあります。生涯を一日一日生きた方として主イエスは十字架上に死に、生涯を生きた方として復活しました。それゆえ復活者としてイエス・キリストが今ある生は、あの「地上の生涯」の被覆性を剝ぎ、非被覆性におけるキリストとして今日を生きておられると理解することができます。

考えてみると、二〇世紀の教義学は「イエスの生涯」にほとんど関心を示さなかったのではないでしょうか。永遠と時間の交叉とか、垂直からの接線、あるいは逆説的弁証法、原歴史としての受肉といった考え方の中では、永遠的なものが時間的な形態をとり、終末論に解消されない救済史的連続線の意味を負うといったことは、評価されにくかったと思われます。しかしイエスの存在は決して点的ではなく、その誕生が直ちに十字架になったのでもありません。主イエスは生涯の日々を持たれ、その生涯を生きて、その中で十字架にかけられました。それで、拙著『キリスト教教義学』ではイエスの誕生に続いて、主の十字架と復活の前に、その生涯を考察の対象とすることを試みました。ルター的な言い方をすれば、その生涯を歩まれたイエス・キリストがわたしたちの「主」であり、また「師」です。主イエスの十字架はまさしくそこに至る生涯と共に受け取られなければならないでしょう。十字架は、わたしたちの罪を赦し、病を癒し、悪霊から解放し、貧窮から救い、光と命へと生き返らせた主の生涯を踏まえて、その極みとしてあります。主イエスの生涯には十字架が貫かれ、十字架には主の生涯が凝縮していると言ってもよいでしょう。そして、イエスの復活は十字架に至る主の生涯の日々の生の秘義の開示としても受け取られなければならないでしょう。

この主イエスの生涯に注目すると、マタイによる福音書二章の主イエスのエジプトへの逃亡は、イエス・キリストの生涯の成立とその意味を示しています。それは「イスラエルの民の歩み直し」のための生涯だったと言われるのです。この観点から言うと、イエスの生涯は、イスラエルの回復と切り離されません。この意味では、イエスの生涯とその意味を考える時、「キリスト論」と「イスラエル論」の切り離し難さを考えさせられるでしょう。それはメシアというイスラエルの言葉が主イエスの呼称になっていることでも明らかなことです。渡辺善太はあの説教の中で、イザヤ書四〇章をはじめとしてメシアとイスラエルの回復の関係という当然の関連を指摘しました。

この関連は、旧約聖書のメシア預言のほかにも、例えばヘジプトへの逃亡を記しているマタイによる福音書自体の中にも描かれています。ヘンドリクス・ベルコフはかつてメシアとイスラエルの関連を、マタイによる福音書二章の「エジプトへの逃亡」だけでなく、三章のイエスのバプテスマ、四章の荒れ野の誘惑、さらには五章の山上の説教にも一貫して貫かれていると指摘しました。主のバプテスマはイスラエルの民の紅海渡渉と結びつき、四〇日の荒れ野の誘惑はイスラエルの民の四〇年の荒れ野の旅路と、そして山上の説教はシナイ山上のモーセをとおしての律法付与に対応し、それぞれの失敗を補い、救済を成就すると指摘しました（H. Berkhof, Christ the Meaning of the History）。

この点で誰もが気付くのは、主イエスによる「一二人の選び」でしょう。それがイスラエル一二部族の回復を象徴的に意図していることは明らかです。そしてイスラエルの回復が異邦人すべての救済の基盤的根拠であることは、アブラハム契約の理解からしても、またそれを取り入れたパウロのローマの信徒への手紙九章以下に見られる救済史の理解からしても、きわめて明らかなことです。パウロによれば「選び」も「契約」もイスラエルのものです。しかし異邦人はその選びによる契約に「福音」によって接ぎ木され、参与させられます。教会はイスラエルを排除してではなく、「キリストの血」によってイスラエルと異邦人との「一つの体」（エフェ二・一六）として立てられました。この経路をたどって、イエス・キリストがイスラエルの踏みそこなった道を歩み直してくださったことが、実は、イスラエルの回復を基盤とし、わたしたち一人一人を含んで、その人生を歩み直してくださることでもあったことが明らかになります。

イエスの踏み直しはイスラエルに関わるだけでなく、それを基盤として異邦人に関わり、わたしたち一人一人にも関わります。この点を証言して、ヘブライ人への手紙も次のように語っています。「確かに、イエスは天使たちを助けず、アブラハムの子孫を助けられるのです。それで、イエスは、神の御前において憐れみ深い、忠実な大祭司となって、民の罪を償うために、すべての点で兄弟たちと同じようにならねばならなかったのです。事実、御自身、試練を受けて苦しまれたからこそ、試練を受けている人たちを助けることがおできになるのです」(ヘブ二・一六以下、同じく四・一五)。「すべての点で兄弟たちと同じようになる」とは、「誕生」と「十字架」のことでもありますが、同時に「生涯」があってのことです。

これはまたエフェソの信徒への手紙が語り、エイレナイオスが強調したイエスにおける万物の再統合(アナケファライオーシス=すべてのものが一つにまとめられる)というキリストにおける贖罪論的、かつ終末論的な完成の理解にも関連するでしょう。アナケファライオーシスは、イエスによる歩み直しという救済史的な出来事と不可分離的な事態として理解されるのではないでしょうか。

結論として、教義学はイエスの「誕生」と「十字架」と「復活」との事実、ならびにその意味を考察しますが、同じようにイエスの「生涯」の事実とその意味をその不可欠な重大性において考察しなければならないでしょう。主イエス・キリストは生涯を持たれ、生涯を生きられました。キリスト教的バプテスマの起源もそこに位置づけられ、キリスト教会の起源もまたそこにあるでしょう。

キリスト者の人生の生きようも、そしてその敬虔もまたそこに根拠を持つはずです。このことは、神学の上に、また信仰生活の上に、多大な実りをもたらすに違いありません。イエスの「生涯」とその意味の理解を欠いて、キリスト教的生活の再建やパイエティの養いは不可能であると言わなければならないでしょう。

あとがき

本書の大部分は『キリスト教教義学』の出版後、折々の機会に求められて語ったものです。『キリスト教教義学』を理解していただくために役立つかもしれないと思いながら、出版することにしました。いずれも二〇二二年から二〇二三年の初めにかけての講演をもとにしています。内容が重複している部分が多々あるのはそのためです。

「わたしの神学六十年」は、教文館出版部の髙木誠一氏からかねてより執筆を勧められていたものです。わたしとしては、すでに『二十世紀の主要な神学者たち』（教文館、二〇一一年）の中で、自分自身の神学の学び始めと三〇代くらいまでの歩みを記した部分がありますので、改めて執筆する必要はないと思って、躊躇していました。しかしあれから一〇年を経て、七〇歳代を過ごしましたので、改めて記してみてもよいかと思って、記した次第です。

「自著『キリスト教教義学』を語る」は、二〇二二年六月二〇日と二一日に持たれた、かつてのわたしの学生でもあった牧師たちを主にした集まりのために準備した文章です。しかし当日はこの原稿を離れて、自由に話す結果になってしまいました。そこでこの原稿に即して語ったのは、二〇二三年二月一三日、一四日の連合長老会宣教協議会においてでした。

「現代の神学の課題とわたしの立場」は、二〇二二年八月一日、日本基督教団松沢教会において講演したときのメモで、拙著『キリスト教教義学』で記した神学的な自分の立場を粗削りにですが、できるだけ率直に語ろうとしたものです。

「伝道に仕える教義学」は、もともとは二〇二二年八月の「日本伝道の幻を語る会」で話す予定でした。しかし新型コロナウイルスの再流行のために中止となり、YouTubeで流すために縮小して語りました。その後、同年一〇月二四日の東京神学大学全学修養会の主題講演を依頼され、今度はそれを拡大して書き直し、語ったものです。

「キリスト教は『世界』をどう取り戻すか――救済宗教のakosmismを越えて」は、慶應義塾大学教養研究センターの主催による日吉キャンパスでの講演(二〇二二年一一月一六日)で語ったものです。キリスト者でない聴講者たちが熱心に質問してくださったことが記憶されます。

「『キリスト教教義学』と旧メソディスト教会との接点」は、二〇二三年一月二四日の更新伝道会の年会における講演の原稿として準備したものです。わたし自身の出身の旧教派的な背景はディサイプルス(基督教会)であり、その面は何らかの仕方で自著『キリスト教教義学』に現れていると感じています。また、礼拝説教の奉仕や教会生活において旧メソディスト教会の諸教会と関係を深くし、その二つの教会で代務を務めたこともあります。この講演では、一八世紀の偉大な伝道者たちの胸には千年王国(キリスト再臨前のそれ、つまりポストミネリアリズムの千年王国)の理想が燃え、目に見えるキリストの支配の姿を望み見ていたことに言及しました。それは歴史への失意を胸に抱えた二〇世紀の神学とは異なります。二一世紀において、わたしたちはもう一度、一八世紀の偉大な伝道者たちを支えた理想の真理契機に注目すべきではないでしょうか。この点も将来の研究を期待しています。

本書に収録したそれ以外の文章、「復活者キリストの死と苦難」、「イエス・キリストの生涯と十字架」は特に講演の機会を持ったものではありません。しかし『キリスト教教義学』の問題意識の中にあったものを表現したものです。

以上の諸文章が読者の皆さんに少しでも意義あるものであればよいがと願っています。解決を十分に示さずに、ただ問題提起や他者批判に終わっている主張を掲げているところも少なくありません。わたしにとって神学は基本的に神への応答ですが、「新しい挑戦」でもあります。挑戦で教会が立つかという自問もあるのですが、教会が挑戦を失って真に教会として立つかという反問も生じます。実際、説教も完成態はなく、常に挑戦ではないでしょうか。命ある挑戦であれば、次の世代に引き継がれて、思いに優る解決への道が示されるであろうと思い、願っています。

出版には髙木誠一さんのお世話になりました。心よりお礼申し上げます。

二〇二三年二月一五日

近藤勝彦

《著者紹介》
近藤勝彦（こんどう・かつひこ）
1943年東京生まれ。東京大学文学部卒業、東京神学大学大学院修士課程修了。神学博士（チュービンゲン大学）。東京神学大学教授、学長、理事長を経て、現在は名誉教授。日本基督教団銀座教会協力牧師。
著書『デモクラシーの神学思想』（2000年）、『伝道の神学』（2002年）、『啓示と三位一体』『キリスト教の世界政策』（2007年）、『キリスト教倫理学』（2009年）、『二十世紀の主要な神学者たち』（2011年）、『贖罪論とその周辺』（2014年）、『救済史と終末論』（2016年）、『キリスト教弁証学』（2016年）、『キリスト教教義学』（上下巻、2021年、2022年）ほか。

わたしの神学六十年

2023年8月10日　初版発行

著　者　近藤勝彦
発行者　渡部　満
発行所　株式会社　教文館
〒104-0061 東京都中央区銀座4-5-1 電話 03(3561)5549 FAX 03(5250)5107
URL http://www.kyobunkwan.co.jp/publishing/
印刷所　モリモト印刷株式会社

配給元　日キ販　〒162-0814　東京都新宿区新小川町9-1
電話 03(3260)5670　FAX 03(3260)5637

ISBN978-4-7642-6175-4　Printed in Japan
